# 2021
# 数字经济大会报告

孙世芳　周超男　郑宏◎主编

经济日報出版社
北　京

**图书在版编目（CIP）数据**

2021 数字经济大会报告 / 孙世芳，周超男，郑宏主编．--北京：经济日报出版社，(2025.4 重印)
ISBN 978-7-5196-1088-3

Ⅰ．①2… Ⅱ．①孙… ②周… ③郑… Ⅲ．①信息经济-经济发展-研究报告-中国-2021 Ⅳ．①F492

中国版本图书馆 CIP 数据核字（2022）第 067311 号

**2021 数字经济大会报告**

| | |
|---|---|
| **主　　编** | 孙世芳　周超男　郑　宏 |
| **副 主 编** | 欧阳梦云 |
| **策划编辑** | 肖小琴 |
| **责任编辑** | 王　婧 |
| **助理编辑** | 张　琦 |
| **责任校对** | 梁沂滨 |
| **出版发行** | 经济日报出版社 |
| **地　　址** | 北京市西城区白纸坊东街 2 号 A 座综合楼 710（邮政编码：100054） |
| **电　　话** | 010-63567684（总编室） |
| | 010-63584556（财经编辑部） |
| | 010-63567687（企业与企业家史编辑部） |
| | 010-63567683（经济与管理学术编辑部） |
| | 010-63538621　63567692（发行部） |
| **网　　址** | www.edpbook.com.cn |
| E-mail | edpbook@126.com |
| **经　　销** | 全国新华书店 |
| **印　　刷** | 文畅阁印刷有限公司 |
| **开　　本** | 710 mm×1000 mm　1/16 |
| **印　　张** | 10 |
| **字　　数** | 90 千字 |
| **版　　次** | 2022 年 6 月第 1 版 |
| **印　　次** | 2025 年 4 月第 2 次印刷 |
| **书　　号** | ISBN 978-7-5196-1088-3 |
| **定　　价** | 68.00 元 |

**本社网址：www.edpbook.com.cn，微信公众号：经济日报出版社**

# 序一

2021年是中国共产党成立100周年，是“十四五”规划的开局之年，也是全面建成小康社会，开启全面建设社会主义现代化国家新征程的关键之年。

2021年注定是极不平凡的一年，也注定是将会载入历史史册光辉的一年，当前新冠疫情仍在全球蔓延，疫情防控形势依然严峻，国际形势动荡不安，世界格局正在发生深刻的变化。

我国面临着日趋复杂的内外环境，经受着严峻的风险挑战，在这样的关键时刻，党中央作出了加快推进数字经济健康发展的重大战略决策。近年来，互联网、大数据、云计算、人工智能、区块链等技术加速创新，日益融入经济社会发展各领域全过程。数字经济发展速度之快，辐射范围之广，影响程度之深前所未有，正在成为重组全球要素资源、重塑全球经济结构、改变全球竞争格局的关键力量。

当前，大力发展数字经济已经上升为国家战略，数字经济正在成为驱动我国经济高质量发展的重要引擎。数字经济大会非常具有战略性、创新性、前瞻性，已经在廊坊京津冀大数据应用创新中心连续举办了三届，成为数字经济界颇具影响力的思想交流和经济合作平台，为促进廊坊、京津冀，甚至全国数字经济的健康发展作出了重要贡献。

吴基传

第十届全国人大常委会委员

第十届全国人大教育科学文化卫生委员会副主任委员

# 序二

近年来，以大数据、人工智能为代表的新一代信息技术迅猛发展，掀起了关注数字经济的新浪潮。人类社会正在进入以数字化生产力为主要标志的新阶段，数字经济成为引领全球经济社会变革、推动经济高质量发展的重要引擎。在《中华人民共和国国民经济和社会发展第十四个五年规划和2035年远景目标纲要》中，“加快数字化发展建设数字中国”单独成篇，并提出迎接数字时代，激活数据要素潜能，推进网络强国建设，加快建设数字经济、数字社会、数字政府，以数字化转型整体驱动生产方式、生活方式和治理方式变革。这一明晰的发展路线图，不仅表明了我国大力发展数字经济的决心，也给加快数字中国建设指明了方向。特别是2021年12月10日召开的中央经济工作会议，就做好2022年经济工作进一步指出，“加快数字化改造，促进传统产业升级。”

随着我国数字经济的蓬勃发展，数字技术与实体经济加速融合，各行各业数字化转型升级进程明显加快，我国作为全球数字经济大国的地位更加稳固。2020年，我国数字经济规模达到39.2万亿元，占GDP比重38.6%，高居世界第二位。制造业数字化转型全面提速，工业互联网平台接入设备总量已超过 7000 万台（套），重点领域关键工序数控化率、数字化研发设计工具普及率分别达到 53.7% 和 73.7%。

特别值得说明的是，我国在抗击新冠疫情中取得了重大战略性成果。这个成果，离不开数字经济的支撑和助力作用。在防疫战争中，人们利用笔记本电脑等通信设备，使得教学、医疗，在疫情状况下得到持续保障；家庭生活物资的配送、居民需求的保障，很多都是靠线上经济实现。可见，数字经济在经济社会发展中的支撑作用在不断增强，贡献越来越大，引领发展的地位越来越重要。

当前，百年变局与世纪疫情交织叠加，做大做强数字经济、强化数字经济、引领经济高质量发展意义重大。如何促进数字经济引领经济高质量发展，现有如下几点总结。

## 一、做强做大数字经济，筑牢根基

发挥数字经济在高质量发展中的引领作用，首要的是大力推动数字经济高质量发展，做强做大数字经济。一是加强关键核心技术攻关力度。互联网核心技术是我们最大的“命门”，核心技术受制于人是我们最大的隐患，要紧紧牵住核心技术自主创新这个“牛鼻子”，抓紧突破网络发展的前沿技术和具有国际竞争力的关键核心技术，构建安全可控的信息技术体系。十八大以来，党坚持实施创新驱动发展战略，把科技自立自强作为国家发展的战略支撑，健全新型举国体制，增强国家战略科技力量，加强基础研究，推进关键核心技术攻关和自主创新，强化知识产权创造、保护、运用，加快建设创新型国家和世界科技强国。因此，大力加强关键核心技术攻关，加快高端芯片、传感器、通用处理器、关键基础软件等领域研发突破和迭代应用，提升区块链等创新能力，加强量子信息等前沿技术布局，对于高质量发展意义重大。

二是加快新型数字基础设施建设。近年来，我国信息基础设施持续完善，供给能力显著增强，我们要乘势而上、加强谋划、系统布局，着力构建以通信网络为基础、以数据和计算设施为核心、以融合基础设施为突破的新型数字基础设施体系。建设品质优良、集约高效、安全可靠的精品 5G 网络；提升 IPv6 端到端的贯通能力，推进移动物联网全面发展；统筹布局绿色智能的数据与计算设施等。

三是打造具有国际竞争力的数字产业集群。推动数字产业化，通过数字技术催生新产业，推动数字产业形成和发展。加快培育数字化新业态，发展数字文化产业，培育壮大数字产业，推动大数据、人工智能、数字货币、区块链等产业发展，统筹布局一批高水平的数字产业集聚区。

## 二、促进数字经济与实体经济高度融合，赋能传统产业

目前，我国数字经济全面赋能生产、投资、消费、贸易，新动能作用持续增强，但仍需要进一步推动数字经济与实体经济的深度融合，赋能传统产业转型升级，催生新产业新业态新模式，壮大经济发展新引擎。《“十四五”规划和 2035 年远景目标纲要》指出，加强关键数字技术创新应用，聚焦高端芯

片、操作系统、人工智能关键算法、传感器等关键领域，加快推进基础理论、基础算法、装备材料等研发突破与迭代应用。因此，面对百年变局和世纪疫情，构建新发展格局，实现高质量发展，就要加强关键数字技术创新应用，只有把核心技术牢牢掌握在自己手中，才能赢得竞争和发展的主动权。

## 三、加强行业监管和治理，优化环境

加快构建关键信息基础设施安全保障体系，切实保障国家数据安全，要求我们统筹数据开发利用、隐私保护和公共安全，加快建立数据资源产权、交易流通、跨境传输和安全保护等基础制度和标准规范。通过完善适用于大数据环境下的数据分类分级保护制度，不断提升数字经济治理能力；完善数据资源管理，强化数据资源全生命周期安全保护，营造良好市场环境和政策环境，加大对电信网络诈骗打击力度，强化网络安全保障；积极参与全球数字经济治理规则制定，携手打造开放、公平、公正、非歧视的数字经济发展环境，推动构建网络空间命运共同体。

未来，发展数字经济是大势所趋，是新一轮科技革命和产业变革。发展数字经济首要的是，要深入学习贯彻十九届六中全会精神和中央经济工作会议精神，切实增强“四个意识”，坚定“四个自信”，做到“两个维护”，把握新发展阶段、贯彻新发展理念、构建新发展格局，大力推动数字经济高质量发展。

本次数字经济大会，提供了专业化交流、高端化对接、深层次合作的数字经济国际化平台，供大家分享新知识、互鉴好经验、展示应用成果、增进发展共识、拓展合作空间，这将对推动数字经济蓬勃发展有着重大的意义!

曲凤宏

全国政协副秘书长

农工党中央副主席

# 目录

CONTENTS

## 下篇　发展趋势 /055



## 附录 /129

# 上篇

## 前沿研究

总数提升了605%，仅在2019年就提升了1倍左右，大量的软硬件设计漏洞使攻击者有机可乘，带来勒索、盗窃、大规模车辆恶意控制等风险。由此我们得出一个结论，人机物三元融合最大的特点是信息世界和物理世界的深度融合，所有数字基础设施和智能化设备变身成为典型的信息物理系统（CPS），传统功能安全或可靠性理论、方法及工程实现技术正受到前所未有的挑战，“功能安全”和“网络安全”之间的界限正在“坍塌”，这就出现了“Safety + Security”的“广义功能安全”问题。

**为何“广义功能安全”问题是数字时代必须要迈过的一道坎？** 从根本上来说，“广义功能安全”问题具有两个显著的特点。一是具有“聚变效应”，网络安全与功能安全问题不仅相互交织，而且相互作用、加速放大。比如，传统的电网、燃气网络、输油网络等等，随机性故障和功能失效带来的破坏性总体可控、便于恢复。但是由于网络安全问题造成的新的安全风险，却具有极强的不确定性和破坏力，往往是一处破防、全域毁伤，甚至导致“多米诺骨牌”似的社会性灾难。二是具有“叠加效应”，安全问题一旦出现就难以消亡，只有加法，难有减法。信息化规模越大，安全问题就越严重；智能化程度越高，安全风险就越大。解决“广义功能安全”问题不可能“摸着石头过河”，更不可能延续“先发展再治理”的老套路。比如，当下采取的附加式安全策略，期望通过不断增添专用安全设备“叠罗汉”式的解决安全问题，却忽视了“叠加上去的安全设备自身是否安全”这个“灵魂拷问”的问题，以至于形形色色的安全软硬件可能会成为新的安全“软肋”。为此，推动人机物三元融合、促进数字经济健康发展，必须要正视“广义功能安全”问题，标本兼治、建管同步、破立并举，从源头上寻找长治之策、久安之路。

**如何破解“广义功能安全”问题？**导致“广义功能安全”问题的根本原因，是现有信息系统存在“基因缺陷”。软硬件系统作为人工设计的技术产品，始终无法从根本上杜绝设计“漏洞”的存在，而且产品复杂度越高、品种越杂、使用成熟度越小，“漏洞”就越多。同时，以人类目前的科技水平，无法从理论与工程上彻查漏洞问题，也无法穷尽开源生态和开放产业环境中预留软硬件“后门”的行为。这些“漏洞”“后门”就是网络空间、信息物理系统的病源，也是“广义功能安全”问题的根源所在。换言之，当前人类无论从理论上、技术上还是经济上，都不可能完全保证网络空间构成环境无“漏洞”“后门”问题，即“无毒无菌”几乎是安全领域不可能实现的愿景。在这个基本条件下，当下形成的各种网络安全技术路线，因其前提条件和基本假设就存在“无法闭合的”逻辑问题甚至是悖论，所以很难解决泛在化存在的内生安全共性问题。为此，必须跳出依赖先验知识的“杀毒灭马”“亡羊补牢”为基础的传统安全定式，亟须通过安全发展范式创新解决网络空间共性安全难题。通过长期研究，我国独有独创的内生安全理论与方法论及实施规范，已经成为网络空间安全技术发展的“第四范式”，能够在不依赖先验知识的条件下，抑制隐藏的漏洞后门、病毒木马等引起的“差模或共模”安全威胁，使信息物理系统即使在“有毒带菌”条件下仍能确保其使命安全，从而可以颠覆“头痛医头脚痛医脚”陈旧的技术发展范式，既可解决“全球化、多极化环境下”供应链自主可控问题，又能解决“开放条件下安全可信”的问题，实现“Safety–Security”之“广义功能安全”问题的一体化处理目标，形成高可靠、高可信双重安全能力，为数字经济和数字社会高质量、健康可持续发展提供支撑。

**如何跨越“广义功能安全”壁垒？**当前，“广义功能安全”问题如同一道难以逾越的悬崖峭壁，横亘在人机物深度融合的进程之中。不推进融合，智慧城市、现代治理、数字经济就难以有实质性发展；推进融合，安全问题、安全风险以及其“放大效应”“叠加效应”，不但会像“滚雪球”一般越来越严重，而且会从虚拟空间向实体空间迅速弥散。跨越“广义功能安全”壁垒，我们需要的是敢为人先的气魄、需要的是敢于担当的精神，在我国率先推动内生安全领域理论与技术的持续创新和大规模应用，把数字经济的发展命脉牢牢掌握在自己的手中。

一是推动内生安全技术的再创新，在内生安全基础理论方法研究、内生安全软硬件生态构建、行业内生安全关键应用技术攻关等方面加快创新步伐，推动内生安全技术从当前面向存量资产升级改造的1.0阶段向2.0的原生安全软硬件产品阶段演进。二是推动网络安全标准的再定义，主动适应当前我国在网络内生安全领域独创、独有的模式，建立与之配套“中国标准”，完善技术、产业标准体系，把内生安全基因嵌入所有信息物理系统之中。三是推动优质创新资源的再聚集，构建产学研一体化、上下游协同创新的全产业链合作机制，引导和聚集网络安全产业和科研院所等社会力量深化产教融合，推动形成人才技术产业协同发展的良性生态。四是推动各种产业工具的再赋能，尤其是加快金融保险领域的跟进支持，按照国家网络安全产业行动方案要求，推动网络与数据安全保险的实施进程，在安全功能可定制、安全性能指标可度量的基础上，构建“保险＋风险管理＋服务”的网络安全保险新链条、新业态，为新技术发展注入新动力。

# 大数据与新能源

澳大利亚国家科学技术与工程院院士、上海电力大学教授
施正荣

中国的四大发明为人类社会带来了划时代的影响和进步；蒸汽机的发明使人类能够更好地利用机械能工作和生活，标志着工业化时代的到来；发电机开启了电器化和电信时代，机电结合极大地扩展了人类的能力，提高了人类的生活质量；电脑计算机的发明增强了人类的大脑和智力；计算机辅助的人脑正变得超级强大，人工智能时代已到来；互联网的发明使世界连接起来，智慧地球物物相连；生物技术发展迅速，成本大幅下降，人类将得到彻底的身体解放，未来寿命预计可达 150 年；人脑和计算机的结合可以解决所有的问题，人工智能将被大量普及。

凡此种种，都预示了大数据 +5G、人工智能、智慧地球、物联网已涉及我们人类生活的方方面面。但要运用这些都离不开能源的供应，离开了能源，这些新技术新工具也将无法运转。然而，为了维持人类智慧化的需求而消耗的能源和碳排放是天量的，人类的经济活动和能源消费是二氧化碳排放的主要来源。

数据中心节能技术委员会数据显示，2016 年中国数据中心总耗电量超过 1108 亿千瓦时，2017 年达到 1200–1300 亿千瓦时，这个数字超过了三峡大坝 2017 年全年发电量（976.05 亿千瓦时）和葛洲坝电厂发电量（2017 年葛洲坝电厂发电量 190.5 亿千瓦时）之和。2020 年，我国大数据中心已达到 8 万个，还在不断发展中。到 2025 年，中国数据中心耗电量占全社会用电量比值将达到 4.1%，这是非常惊人的数字。鉴于此，我国对大数据中心采取了更加严厉的强制节能政策，要求大数据中心 PUE 值（电能使用效率）逐年下降，已从 2012 年要求 PUE 值下降到 2 以下，发展到要求 2022 年 PUE 值不得高于 1.4。国家如不能统筹经济发展、节能、碳排放与气候治理的平衡，中国能源供应将难以为继，更谈不上碳达峰碳中和了。

中国已将工业互联网、大数据中心、5G、人工智能、特高压等列入了国家新型基础设施建设，智慧化的社会离不开大数据的支撑，在全球碳达峰碳中和的大势下，大数据时代更离不开新能源的支撑，大数据 + 新能源已是社会发展的必然趋势。

人类经济社会发展史，也是一部能源发展史。自第一二三次工业革命以来，碳基能源（煤、油、气）的发现和利用，极大提高了劳动生产率。以传统化石能源为主的碳基能源推动人类进步的同时，也产生了严重的环境问题和气候变化问题。地球温室气体效应使大气变暖，导致了地球平均气温在上升。据世界气象组织最新发布信息显示，2018 年全球平均温度比 1981 年到 2010 年之间的平均值偏高 0.38℃，较工业化前水平高出约 1℃，2014 年到 2018 年是有完整气象观测记录以来最暖的五个年份。气候变化会对自然生态环境产生重大影响（如极端天气、自然灾害、生态平衡等），也会对人类生存构成重大威胁。

而为解决这一关乎人类长续生存发展的难题，全球已开始付诸实践行动，中国亦不例外。我国现已着手制定碳达峰总体的时间表、路线图、施工图，各省市也正积极响应落实。

## 全球碳中和，中国有态度更有行动

中央财经委员会第九次会议指出，构建以新能源为主体的电力系统。实现碳达峰、碳中和是一场广泛而深刻的经济社会系统性变革，要把碳达峰、碳中和纳入生态文明建设整体布局，拿出抓铁有痕的劲头，如期实现 2030 年前碳达峰、2060 年前碳中和的目标。中国将力争在 2030 年前实现碳达峰、2060 年前实现碳中和。这是中国基于推动构建人类命运共同体的责任担当和实现可持续发展的内在要求作出的重大战略决策。中国承诺实现从碳达峰到碳中和的时间，远远短于发达国家所用时间，需要中方付出艰苦努力。

可以说，达成碳中和已成为全球共识。全球已有 127 个国家和地区承诺了碳中和。其中，大部分计划在 2050 年实现，如欧盟、英国、加拿大、日本、新西兰、南非等。美国已明确表示，将承诺在 2050 年实现碳中和。一些国家计划实现碳中和的时间更早，如乌拉圭提出 2030 年实现碳中和，芬兰是 2035 年，冰岛和奥地利是 2040

年，瑞典是2045年。苏里南和不丹已经分别于2014年和2018年实现了碳中和目标，进入负排放时代。而全球十大煤电国家中，已有五个做出了相应的承诺和对策（中国、日本、韩国、南非和德国），这不仅仅是某一个国家，而是一场全球性的行动。

## 如何实现“双碳”目标

碳达峰与碳中和国家目标将对我国经济社会产生极其深远和深刻的影响。实现2030年和2060年的“双碳”目标需要全社会的共同努力。总的说来，在2030年前，受工业化和城镇化进程以及经济较快发展的影响，能源需求仍然在增长，应大力改善能源结构，使得新增长的能源需求主要由新增的非化石能源供应来满足，保证煤炭、石油等化石能源基本不再增加；通过替代、回收和分解等技术控制工业过程的二氧化碳排放，控制非二氧化碳温室气体的排放。2030年后，能源系统要建成以新能源为主体的近零排放的能源体系，煤炭、石油、天然气等化石能源的消费量要控制在极低水平；通过替代、回收和分解等技术持续降低工业过程的二氧化碳排放，同时持续降低非二氧化碳温室气体的排放。

我国的碳中和目标与净零排放技术路径，将遵循从煤炭消费达峰、二氧化碳排放达峰、能源消费达峰，到建成绿色低碳、安全、可持续的现代化能源体系，再到实现完全碳中和的基本路线。

能源是否安全、稳定、可负担，必然是影响碳中和进程的现实问题。“碳达峰、碳中和”背景下的能源转型形式，供给侧将从煤炭、石油、天然气、核能等向光伏、风电等电力零碳化，与氢气、合成燃料等燃料零碳化转变；需求侧则向高效化、智慧化、再电气化转变。以此为指引，可以说，阳光将为我们提供取之不尽、用之不竭的热、电、可再生燃料。人类社会将迎来从碳基向硅基能源转型的时代。

## 光伏是实现“双碳”目标的有效途径

面对化石能源日益短缺，气候变化与环境问题日益严峻，新能源不仅关系我国未来经济社会发展的重大战略问题，也是目前世界各国共同关注的科技前沿问题。新能源涉及领域跨度大，比如光伏、氢能、电池、风电都属于新能源范畴。

其中，光伏产业发展是解决碳达峰、碳中和的有效途径之一。太阳能是可再生能源，光伏发电是零碳电力，在世界大部分国家其发电成本比火电发电的成本还低。目前，全球光伏产业年产值超过 5000 亿元人民币，而光伏产业打造了中国工业史上的奇迹：中国光伏装机量连续 4 年全球第一，中国光伏组件产量连续 12 年全球第一，全球 70% 以上的光伏产品由中国制造，全球前十光伏企业中九家为中国企业，国内已经形成完备的光伏全产业链。

在即将到来的硅基能源时代，光伏应用场景不胜枚举：地面、屋顶、高速路道棚、墙体以及各类车辆。除了大型地面集中式光伏电站之外，还要在城市中做到“电从身边来”，让城市用户成为能源的“产消者”。将城市变成“绿色能源发电厂”，首先要实现光伏最大化的安装与利用。而城市人口密度大、用电需求量多、土地资源紧张，要解决光伏安装的土地资源问题，“光伏+”的应用场景就蕴含着无限潜力。以家庭、小区、工厂、公共建筑为单位作为分布式光伏电站，既可解决城市土地、资源紧缺等问题，也能满足人类的绿色能源需求。且分布式光伏与电动汽车等储能装置相结合，实现“自发自用”，可提高分布式光伏的经济性。

传统光伏如果在建筑领域加以利用，现下的工艺和外形则必须改变，以适应建筑的特点。以轻质光伏为代表的新型光伏组件，在轻、柔、薄、美方面能与建筑更好结合，甚至直接将光伏组件做成了建筑材料，既防水又隔热还能发电产生能源。轻质光伏组件的创新极大地拓展了光伏应用场景，使“光伏+”的应用无处不在。如光伏屋面、光伏折叠式车棚、光伏户外家具、光伏充电桩、光伏幕墙、光伏声屏障、车载移动光伏能源、光伏货车等，将可为城市和用户带来无限价值。可以说轻质光伏代表了未来产业方向。

我国东部城市已经开始了“光伏+”的探索。就在江苏省扬中市零碳园示范项目——滨江公园，百米长的廊桥由光伏板搭建成镂空“天花板”，年发电量可达11.7万度，廊桥一侧则是由光伏板制作的50盏“太阳花”以及支持手机无线充电的“光伏座椅”，别致、实用的造型设计成为当地的一大旅游景观，吸引了大量当地居民和外地游客参观。

另外，城市能源消费量巨大，分布式光伏并不能满足城市能源全部需求。而采用可再生电力大规模制氢作为储能，即让城市 100% 可再生能源替代成为可能。由于氢能来自光伏发电，也属于“硅基能源”的重要组成部分。

随着技术快速进步，可再生能源未来使用成本将更低廉。当硅基能源与储能技术、绿色建筑和物流交通等相结合，可使未来电力像 Wi-Fi 一样免费且便利。

未来智能城市特征之一就是光伏与储能的结合，组成虚拟微网。有了电池，每个安装光伏的建筑或家庭都能成为独立的能源生产者，并且多余的能源可以存储或者提供给电网。未来可再生能源与互联网技术相融合的智能电网，能够实现能源生产、存储、传输和共享智能化，并以其泛在的路由设施，与社会经济紧密联系，助力智能交通、智能社区、智慧城市等未来发展。电力公司也应从大规模发电向分布式、储能、电力信息管理和传输并举转型，为新能源小型电厂和个人用户提供能源管理，向产业链高端发展。

阳光是地球上所有生命的主要能源，是我们取之不尽、用之不竭的能量来源。想象一下这个场景：人类在家中、办公室和工厂里可以通过光伏电站生产可再生能源，并通过“能源互联网”实现绿色能源共享，就如同在网上获取和分享信息一样便捷。大数据与新能源的关系可以用一句话来表示：“大数据是新能源的大脑！新能源是大数据的心脏！”大数据将帮助光伏打开一个全新的世界！从而成为实现双碳目标和生态文明建设的中坚力量！

# 统筹系统与安全
# 赋能数字经济快速优质发展

河北省通信管理局党组书记、局长　周景耀

当前，数字经济已经成为国民经济和社会高质量发展的重要引擎。党中央、国务院陆续出台了数字经济、网络强国、促进大数据发展等一系列重大战略、专项规划和重要举措。

党的十八大以来，党中央高度重视发展数字经济，实施网络强国战略和国家大数据战略，拓展网络经济空间，支持基于互联网的各类创新，推动互联网、大数据、人工智能和实体经济深度融合，建设数字中国、智慧社会，推进数字产业化和产业数字化，打造具有国际竞争力的数字产业集群。

要始终坚定不移贯彻新发展理念，推动数字产业化、产业数字化繁荣发展，充分发挥数字经济对经济社会发展的驱动引领作用，以数字化培育新动能，用新动能推动新发展，统筹系统与安全，加快建立完善数字经济发展新格局。

一是加快数字“新基建”步伐，不断夯实数字经济发展的基础。加快推进数字基础设施建设，适度超前部署下一代智能设施体系，深化公共设施数字化、智能化转型升级，全方位推动基础设施能力提升，持续打牢行业企业数字化转型的网络设施基础，为数字经济快速优质发展提供良好的网络环境。

二是发挥示范标杆效应，不断丰富融合应用。数字经济发展关键在于新技术的广泛应用。要坚持示范引领、应用导向，立足地域区位优势、特色产业优势，推动以 5G 技术应用为代表的新技术新业务不断向更多行业拓展渗透，探索形成更多典型应用场景、试点示范案例，持续提升 5G 应用对数字经济发展的带动效应，持续助推经济社会高质量数字化转型发展。

三是强化系统思维，不断优化数字经济发展新生态。推进数字经济创新发展，加强各地各部门各行业统筹协同，加大对数字经济发展政策、资金、技术、人才等方面的扶持，打好“团体赛”、形成聚合力。同时，加强舆论宣传，营造全社会共同关心、积极参与、广泛支持、共同推进的数字经济发展良好氛围。

四是防范化解风险，确保更为安全发展。全面加强网络安全保障体系和能力建设，深化系统思维、底线思维、关口前移、防患于未然的安全理念，全面履行网络安全各方责任，形成多方共建、协调联动的网络安全防线，确保数字经济发展始终沿着正确的方向前进。

# 赋能产业数字转型　共迎数字经济未来

中国通信企业协会副会长兼秘书长 赵中新

## 前所未有，数字经济发展步伐加快

近年来，互联网、大数据、云计算、人工智能、区块链等技术加速创新，日益融入经济社会发展各领域全过程，数字经济发展速度之快、辐射范围之广、影响程度之深前所未有，正在成为重组全球要素资源、重塑全球经济结构、改变全球竞争格局的关键力量。

从全球范围来看，数字经济对全球经济的贡献持续增强，传统生产方式创造的经济价值占比逐年递减，而以数字化为代表的新生产方式创造的经济价值占比逐年提升。2020 年，全球数字经济占 GDP 比重为 43.7%，较上一年同比提升 2.5 个百分点，数字经济在国民经济中的核心地位不断巩固。中国是引领全球数字技术创新应用的第二大数字经济体，数字经济已经成为国民经济最强劲的增长极，从 2005 年到 2020 年，数字经济规模从 2.6 万亿元增长到 39.2 万亿元，年均增速高达 19.8%，远超同期 GDP 年均增速（11.9%），数字经济占 GDP 的比重从 14.2% 提升至 38.6%。

“十四五”期间，数字经济的作用和地位将继续提升，将成为今后经济增长的重要源泉，是提高全要素生产率的重要途径，是促进制造业服务业融合发展的重要载体，也是维护和提升全球产业分工体系稳定性安全性的重要依托。推动数字经济发展，被视为把握新一轮科技革命和产业变革新机遇的战略选择。对于企业、行业乃至整个中国经济而言，拥抱数字经济不再是“选择题”，而是“必修课”。

## 拥抱数字经济，运营商在行动

信息通信行业是支撑经济社会发展的战略性、基础性、先导性行业，能够为经济社会发展提供强大的新动能。近年来，信息通信行业充分发挥信息基础设施的先导性和信息技术应用的赋能性作用，助推经济社会信息化水平大幅提升，催生了创新活跃的互联网产业和互联网 + 规模发展，推动了朝气蓬勃的数字经济大潮加速到来。在信息通信技术与服务的作用下，人们的工作生活方式发生了全新改变，经济社会运行模式进行了全面创新，智慧家庭、智慧城市、智慧工厂变革全面深入。在疫情防控的重大实践中，信息通信也发挥了无可替代的巨大作用。毫无疑问，信息通信行业的发展取得了巨大的成就，其赋能经济社会发展的重大贡献有目共睹。

特别是基础电信运营企业，都将推动数字经济发展作为当前的首要任务。随着 5G、云计算、大数据以及人工智能的广泛应用，行业数字化转型已成为产业共识。三大电信运营商纷纷与制造、航空、建筑、物流、纺织、农业、食品等领域企业开展战略合作，以自身数字化转型带来的新型服务能力，加快服务社会各行各业的数字化转型，为数字经济发展注入新动能。

## 中国电信，“云改数转”，夯实数字化服务能力底座

中国电信围绕“云改数转”的新战略，自上而下加快打造数字化服务能力底座的步伐，着力从三个方面推动数字经济发展，肩负起时代赋予的责任。

一是加快新型信息基础设施建设，夯实数字经济发展底座。新型信息基础设施建设是支撑数字经济发展的重要战略资源，决定了数字经济发展的高度、广度和深度。中国电信全面实施“云改数转”战略，加快推进云网融合。坚持“网是基础”，持续深耕细作，健全覆盖全域的 ROADM 全光传送网，覆盖城乡农村的 FTTH 全光接入网，为经济社会的高质量发展构建坚实的网络基础。坚定“云为核心”，持续加强科技创新力度，自主研发多云管理平台、实现多云接入和统一纳管，加快云资源布局和云边协同，构建云网 POP，面向客户提供随选、智能、差异化的云网融合服务。坚持从标准推动、产业推进、商用部署等方面加快 5G 建设发展，主导并完成 5G 超级上行等多项核心标准和关键技术，牵头制定全球 5G 产业《5G SA 部署指南》，率先规模商用 5G SA 网络。此外，与中国联通开展 5G 网络共建共享，充分利用各自资源禀赋，实现了优势互补，降低了建设成本，提高了发展效能。

二是赋能产业，促进数字经济蓬勃发展。为了推动产业数字化、智能化转型，在建设云网融合的新型信息基础设施的同时，中国电信加快构建数字化平台。以“5G+ 云 + 应用”为先导应用场景，与制

造业、卫生健康、交通物流、文化教育等传统产业深度融合，注智赋能，打造工业互联网、智慧医疗、智慧教育等行业标杆，推动产业升级，助推产业数字化发展。通过企业数字化平台，开放企业核心“原子能力”，积极在云计算、量子通信、安全、人工智能等诸多领域，与产业各方开展多方式、多层次、多角度的合作创新，与合作伙伴共生共长，繁荣产业生态，助推数字产业化发展。

三是深化合作，共建清朗的数字经济发展环境。5G、人工智能、物联网等新技术快速发展，数字技术与传统产业相互融合，平台经济、共享经济的深入发展，网络直播、移动支付等应用广泛普及，由此带来的网络安全、技术安全、产业安全、数据安全、个人信息安全等新问题。中国电信重视网络安全工作，与多方合作，共建清朗良好的数字经济发展环境。

## 中国移动，数智化转型，助力数字经济蓬勃发展

中国移动聚焦“数智化转型、高质量发展”主线，系统构建以5G、算力网络、智慧中台为重点的新型信息基础设施，放大信息通信企业拉动投资、促进消费的“扁担效应”，助力数字经济蓬勃发展。

一是加快建设数字信息基础设施。中国移动努力打造以5G、算力网络等为重点的数字信息基础设施。深化网络共建共享、多频协同，构建覆盖全国、技术先进、品质优良的5G网络，持续扩大千兆

光纤网络覆盖范围，为全社会提供高速、移动、安全、泛在的连接服务。打造覆盖全国、绿色集约的数据中心，拓展算力资源的规模和多样性，实现算力的跨地域、跨层级、跨场景灵活调度，推动算力成为“一点接入、即取即用”的广泛服务。

二是着力以新要素推进创新。以充分释放信息技术、数据要素价值为导向，加强关键核心技术攻关，牵头建设5G创新联合体，勇当原创技术策源地、现代产业链链长，以科技创新为经济社会数字化转型升级注智赋能。聚焦算力网络、6G、下一代光通信等前沿领域加强基础研究和技术攻关，推动人工智能、物联网、云计算、大数据、边缘计算、区块链等新一代信息技术的融合创新和突破应用，培育一批高价值专利，加速实现关键核心技术自主可控。积极发挥企业创新主体作用，加强与国家实验室合作，谋划建设创新平台，为发挥新型举国体制优势贡献力量。

三是推动信息服务融入生产生活。把握信息技术日益融入经济社会民生各领域全过程的重要趋势，构建“连接+算力+能力”新型信息服务体系，助力数字经济与实体经济融合发展。满足不同行业特别是制造、能源、农业等重点行业的数字化、智能化需求，打造安全可靠、性能稳定、服务可视的5G专网，拓展覆盖不同垂直领域的行业平台及一体化解决方案，助力传统产业提升效率、增强竞争力。满足广大人民群众的美好生活需要，打造覆盖娱乐、教育、养老、医疗等生活全场景的数字化应用，持续提升信息服务质量、优化信息消费体验。加快推动新一代信息技术在政务服务、城市治理、生态保护、应急保障等领域的创新应用，全面服务我国数字政府建设。

## 中国联通，强基固本，全面发力数字经济主航道

中国联通围绕“强基固本、守正创新、融合开放”新战略，突出强网络之基、固服务之本，守网络化之正，拓数字化、智能化之新，全面发力数字经济主航道。将“大联接、大计算、大数据、大应用、大安全”作为主责主业，实现发展动力、路径和方式的全方位转型升级，更好地开辟新发展空间、融入新发展格局。

一是做深大联接，联通数字世界。持续深耕 5G 精品网、千兆宽带精品网、政企精品网和物联网，以优质网络联接千家万户、千楼万园、千企万厂、千场万景，为客户创造数字工作生活新体验，为经济社会高质量发展打造坚实数字底座，实现从“基础联接”到“万物智联”的新跃升，为数字经济提供“第一联接通道”。

二是做强大计算，融通数字发展。着力构建云网一体、安全可信、专属定制、多云协同的“联通云”，形成数网协同、数云协同、云边协同、绿色智能的多层次算力设施体系，支撑不同维度、不同层次全面多样的数字化需求，推进架构先进、安全可靠、服务卓越的算力网络新布局，为数字经济打造“第一算力引擎”。

三是做活大数据，赋智数字能力。进一步充分发挥通信大数据优势，提升大数据、AI、区块链技术融合能力，完善数据产品体系，激活数据要素价值，加快业务数据化、数据业务化，深化大数据融合应

用创新，提升产业供给能力和行业赋能效应，助力经济社会发展质量变革、效率变革、动力变革，为数字经济打造“联通数据”第一服务。

四是做优大应用，创造数字价值。充分整合内外资源，重塑能力格局，着力拓展工业互联网融合创新应用，深化重点垂直行业、民生、政务应用等各领域布局，构建为客户创造价值的数字化定制服务能力，助力千行百业的数字化转型、智能化升级、融合化创新，打造数字经济“数字化服务第一供应商”。

五是做精大安全，护航数字未来。全面贯彻落实总体国家安全观，筑牢网络空间安全可信的第一道防线，当好新型数字信息基础设施的坚强守护者，构建数字经济“国家首席、政府首选、人民首信”的“安全第一盾”。

## 要变固守为拓展，一起向未来

“十四五”时期是我国全面建成小康社会、实现第一个百年奋斗目标之后，乘势而上开启全面建设社会主义现代化国家新征程、向第二个百年奋斗目标进军的第一个五年，也是建设网络强国和数字中国、推进信息通信行业高质量发展的关键时期。“十四五”规划中提出，要充分发挥海量数据和丰富应用场景优势，促进数字技术与实体经济深度融合，赋能传统产业转型升级，催生新产业新业态新模式，壮大经济发展新引擎。

2022年1月12日，国务院印发《“十四五”数字经济发展规划》

明确了我国数字经济发展的五年目标，即到 2025 年，数字经济迈向全面扩展期，数字经济核心产业增加值占 GDP 比重达到 10%，数字化创新引领发展能力大幅提升，智能化水平明显增强，数字技术与实体经济融合取得显著成效，数字经济治理体系更加完善，我国数字经济竞争力和影响力稳步提升。

按照《“十四五”数字经济发展规划》总体要求，电信运营商应该进一步转变观念、提升站位，积极投身数字经济主战场。要坚持以数据为关键要素，以数字技术与实体经济深度融合为主线，加强数字基础设施建设，推进数字产业化和产业数字化，赋能传统产业转型升级，培育新产业新业态新模式，不断做强做优做大我国数字经济，为构建数字中国提供有力支撑。这既是中央赋予我们的历史使命和责任，也是走出传统的自我，突破传统的保守和局限，破解实现高质量发展的内在必须。传统运营商“要变固守为拓展”，在推动数字经济发展过程中关注以下三点。

一是不忘根本，牢记基础电信运营商的初心使命。先进的信息通信网络是实现数字经济的重要基石，是新基建的重要内容，电信运营商有责任一如既往地把它做好，这是根本，不能守本求末。要加强统筹规划，以系统性思维及系统工程方法论为指导，明确建设重点和优先顺序，既要加强与现有的传统基础设施的衔接，也要放到经济社会发展全局中去考虑；要创新投资建设模式，注重发挥社会资本的力量，加强资源整合和共建共享，提高资源要素配置效率；要加强风险防控，坚持效益优先，做好新基建项目的技术和经济可行性分析，加强成本收益评估和项目监管评估。

二是发挥比较优势，以高新技术助力现有网络增值。稳步构建智能高效的融合基础设施，提升基础设施网络化、智能化、服务化、协同化水平。高效布局人工智能基础设施，提升支撑“智能+”发展的行业赋能能力。坚持创新引领、融合发展，突出科技自立自强的战略支撑作用，推进数字技术、应用场景和商业模式融合创新，形成以技术发展促进全要素生产率提升、以领域应用带动技术进步的发展格局。坚持应用牵引、数据赋能，以数字化发展为导向，充分发挥海量数据、广阔市场空间和丰富应用场景优势，充分释放数据要素价值，激活数据要素潜能，推动数据技术产品、应用范式、商业模式和体制机制协同创新。

第三，在转型中提升定位。战略定位要着眼于全球，要有勇气挑战高精尖、挑战最强的竞争者，防止圈内同质化的内卷式竞争，打造核心竞争力。发挥数字经济领军企业的引领带动作用，加强资源共享和数据开放，推动线上线下相结合的创新协同、产能共享、供应链互通。合力将通信市场的蛋糕做大，达成行业共识、相互帮助、共同发展，一起迎接数字经济发展新未来。

# 推动数字经济和实体经济深度融合

北京工商大学数字经济研究院院长、教授　白津夫

“十四五”规划明确提出，加快数字化发展，推动数字经济和实体经济深度融合。这是新阶段、新格局、新征程的重大战略课题。通过数字经济和实体经济深度融合，对于推动经济体系深层次变革和经济格局持续优化，加快实现经济高质量发展具有极其重要意义。

## 一、深刻认识推动数字经济和实体经济深度融合

数字经济和实体经济深度融合，实质上就是实体经济数字化和数字经济实体化的过程。以数字产业化、产业数字化、数据资产化、资产数字化为核心路径，以数据为要素支撑、平台为主要载体，推动产业体系现代化。

一是推动数字经济和实体经济深度融合意义重大。从全局发展的高度来审视，推动数字经济和实体经济深度融合具有深层含义。其一，要防止数字经济脱实向虚，即国外学者讲的经济“去物质化”。随着数字经济的快速发展，在推动经济水平提升的同时，也存在过度

消费化和过度娱乐化，以及平台失序、数据裸奔等现象。通过“数字经济和实体经济深度融合”有助于从根本解决问题，促进数字经济健康发展。其二，要防止实体经济低水平循环，影响高质量发展进程。我国经济总体规模很大，但发展水平参差不齐，产业基础能力和产业链水平有待提升，产业发展存在核心技术“卡脖子”问题，对外技术依存度在 50% 以上，发达国家平均 30% 以下、美德日 5% 以下。长此下去会形成代际落差。要通过“深度融合”促进转型升级。其三，要防止数字经济和实体经济各行其道，畸轻畸重，甚至相悖发展。既不能简单维持实体经济发展现状，也不能以数字化发展挤压实体经济发展空间。通过“深度融合”，以发展数字密集型产业为引领，再造经济新形态、重塑发展新优势。

二是数字经济和实体经济深度融合要把握其重点。其一，融合的主体在同一维度上，是数字经济和实体经济间的融合。这完全不同于数字技术与实体经济融合，技术层面的融合更多强调推动产业数字化转型，或者用数字技术改造提升传统产业，这仅仅是深度融合的一个方面，或者说是一个条件。数字经济和实体经济深度融合是全方位、全流程、全领域的融合，通过深度融合着力塑造经济新形态。

其二，通过数字经济和实体经济深度融合，着力发展“新实体经济”。区别于传统实体经济，其特点是以知识、科技、互联网、数据信息、计算能力为核心驱动，从根本上提升实体经济的质量效益。

其三，深度融合深在何处？数字经济和实体经济深度融合不是简单的结合，不是实体间的自由组合和横向联合，更不是数字经济＋实体经济。“深度融合”是内生的融合，是体制性、机制性、生态性和效率性的融合。

主要体现在：1. 体系化重构：发展现代产业体系；2. 机制化转型：促进传统产业数字化转型；3. 生态化重组：构建全新产业生态体系；4. 效率化提升：促进产业全面提质增效。

三是推动数字经济和实体经济深度融合重在推动主体和推动方式的创新。首先，要坚持市场在资源配置中起决定作用和更好发挥政府作用的原则，着重在动力机制上实现融合创新。

其次，要创新融合方式，坚持数字化引领，推进数据化融合、平台化融合、场景化融合、产业链融合。真正体现融合的“深度”，而不是停留在“结合”的浅层。

## 二、推动数字经济和实体经济深度融合的理论视角

一是现代经济融合趋势。产业革命是技术驱动的结果，也是融合发展的产物。历次产业革命的核心效应就是通过技术经济的内在融合，在提高生产力的同时，推动生产方式变革，形成新的经济成长阶段。因此，历次产业革命都是核心产业技术驱动经济融合发展实现的。它不是否定之否定，而是融合再融合，通过融合造就新的生产方式。正如机器替代手工劳作，大大提高了生产效率，但并没有否定生产本身，而是通过变革生产方式促进生产效率提高。

二是技术进步规律。技术突破往往是多学科交叉融合的结果，现

代科学日益显现这一特征。多学科、跨学科融合是当代科学和技术解决问题的创造性方法，体现了广泛联系和融合创新，是现代科学技术发展的趋势，是科技创新的源泉。据统计，在1901年—2008年间，颁发的自然科学诺贝尔奖中，学科交叉的研究成果占获奖总数的52%。最近几年，这一比重上升到66.7%。可见，融合乃是技术进步的规律。

近年来，正是互联网、大数据、云计算等数字技术的融合创新，推动数字经济加快发展，创造了深度融合的有利条件。在过去的十多年，光纤通信容量提升100倍，移动通信速率提升1000倍，超算能力提升千倍左右，为数字化发展提供强有力支撑，也为数字经济与实体经济深度融合奠定坚实基础。

三是数字经济属性。数字经济是高度信息化的经济，既是融合发展的结果，更具有万物互联的属性，通过广泛的联通而不断放大驱动效应。同时，数字经济也具有很强的渗透性，2019年，全球服务业、工业、农业数字经济渗透率分别为39.4%、23.5%、7.5%。通过在经济各领域的渗透实现有效融合。

四是平台经济特征。平台是数字经济的主要形态，所谓数字化平台，有人将其概括为：大数据、人工智能、移动互联网、云计算、区块链等一系列数字化技术组成的“数字综合体”。平台是以互联互通为主要特征的，把各种要素资源汇聚于平台，并通过平台赋能促进深度融合，形成平台经济生态。

五是数字孪生特点。数字孪生是充分利用物理模型、传感器更新、运行历史等数据，集成多学科、多物理量、多尺度、多概率的仿真过程，在虚拟空间中完成映射，从而反映实体装备的全生命周期过程。数字孪生模型是当前实物资产的数字化表现，或者说是现实物理空间的数字呈现，是资产和流程的软件表示，是普遍适用的理论技术体系，可以在众多领域应用。目前在产品设计、产业制造、医学分析、工程建设等领域应用较多。这种数字模拟仿真方式，既可精准刻画、精细设计，又能节约时间成本，提高工作效率，有利于在更深层次上推动数字经济和实体经济的深度融合，并且可以降低融合成本，提高融合效率。

## 三、推动数字经济和实体经济深度融合的路径选择

一是基于工业互联网融合。工业互联网的联通优势，有助于重构产业体系，例如在生产制造领域，可以通过物联网技术采集设备信息，结合大数据分析来优化制造生产流程，精准配置生产力，形成协同制造优势，推动相关产业集群发展，从而实现产业链各环节的优化。当前，我国工业互联网仍处在发展过程中，有些功能还没有充分发挥，甚至还存在一些短板。德国智库墨卡托中国研究中心在2020年发布了《中国数字平台经济：针对工业4.0的发展评估》，报告把工业互联网定义为：工业互联网平台对应的即为“数字工业平台”。报告认为中国工业互联网有三大短板：1. 中国制造业总体数字化程度低；2. 中国缺乏核心部件和人力资源，大部分工业互联网平台没有

核心竞争力；3. 中国工业互联网平台没有用于高价值创造。但是，随着我国 5G+ 工业互联网的大力推进，将进一步强化工业联网的功能，提升应用水平，并将从更深层次上推动数字经济和实体经济融合发展。根据中国信息通信研究院的测算，2030 年，5G 将带动我国经济总产出、经济增加值、就业机会分别为 6.3 万亿元、2.9 万亿元和 800 万个。

基于工业互联网推动深度融合，要加快推进工业互联网、工业云平台、工业 App 布局，支持企业“上云用数赋智”，推广工业企业设备联网上云、数据集成上云等深度用云模式。从而实现产业协同效应最大化。

二是通过平台赋能促进产业深度融合。平台具有集聚资源和互联互通优势，最突出特征就是信息精准匹配，产业间深度融合，由此深刻改变产业链形态。有专家形象地概括为：“将传统经济链条式上中下游组织重构成围绕平台的环形链条。因此，要更好发挥平台效应，最大限度地整合线上线下资源，打开产业边界，贯通产业链各环节，突出联通性和融合性。强化产业链的共生效能、优化关联组织、节约交易成本、提高整体效能、实现融合发展。

当前，要运用新一代信息技术，探索构建适应企业发展需求的“数据中台”“业务中台”等新型架构模式。依托平台优化资源、重构流程，实现平台接单、按工序分解、各工厂协同的共享制造模式，不断创造产业深度融合的新路径。

三是数据驱动深度融合。数字时代数据成为重要生产要素，也是驱动发展的重要力量，信息流引领技术流、资金流、人才流，并不断向各个领域渗透，从而拓展业务的边际，推动产业跨界融合，最大限度地实现规模经济和范围经济，不断形成经济新形态。所以，推动数字经济与实体经济深度融合，要以数据开放流动为前提，要推动数据开放，使货畅其流、有效应用，以数据确权与分享为原则，形成基于数据的产业共同体。

四是基于新场景的融合。随着5G+互联网规模推行，将会源源不断地创造出数字化新场景。打造全行业全链条数字化应用场景，推动形成新业态、新服务、新模式，促进数字经济与实体经济在新的场景中实现更高水平的融合发展。

五是打造产业生态，促进深度融合。加快产业数字化、网络化、智能化，通过对人、机、物的全面互联，推动形成全新的生态系统、全新的产业氛围，最大限度整合资源、融通发展，促进在同一生态条件下，实现数字经济和实体经济深度融合发展。

# 激活数据要素价值　加快数字经济发展

国家信息中心副主任　周民

2021 年 10 月 18 日，中共中央政治局开展了以数字经济为主题的第三十四次集体学习，其中提到要把握数字经济发展趋势和规律，充分发挥海量数据和丰富应用场景优势，促进数字技术与实体经济深度融合。激活数据要素价值，既是实现数字化治理、加快数字经济发展的重要抓手，也是激活创新动能、推动经济高质量发展的重要引擎。

## 一、激活数据要素价值，已成为推动我国数字经济发展的重要共识

自党的十九届四中全会首次将数据列为新型生产要素以来，我国政产学研界加快了构建数据要素市场的相关理论探讨和创新实践，广东、深圳、上海等地陆续出台数据管理条例，为构建数据要素市场、激活数据要素价值这篇“大文章”破题、解题提供了地方实践。从整体发展态势看，目前我国数据要素市场具备以下几个特点：

一是政策环境不断完善。《数据安全法》《个人信息保护法》等法律法规相继出台，“十四五”规划和 2035 年远景目标纲要对数据要素市场化改革做出了明确部署，地方立法取得新突破，改革路线图逐渐明晰。二是市场规模爆炸增长。据有关机构预测，到 2025 年中国数据量将增长到 48.6 泽字节，位居全球第一。目前全国数据要素相关企业已达 45 万家，年增长率 46%，产业生态日渐成熟。三是应用场景空前丰富。随着产业数字化转型不断深入，数据应用场景从以互联网和金融行业为主向广泛服务于经济社会各行业领域快速演进。四是相关技术日趋成熟。以隐私计算、多方计算、区块链、人工智能等为代表的数据可信流通技术和应用日趋成熟，为破解数据要素确权定价等问题提供了新方案。

## 二、破解“五个难题”，是推动我国数据要素市场发展的关键所在

当前，全国各省区市陆续成立了大数据管理机构，北京、上海等地成立了 20 多家数据交易所或交易机构，我国数据要素市场发展的地方探索取得积极进展。然而，我国数据要素市场建设尚处于起步阶段，发展不平衡、不充分问题较为突出，诸多难题和挑战仍亟待突破和破解，突出表现为五个方面。

一是统筹发展难。相比人才、资本、土地、技术等要素均有明确行业统筹部门，目前国家对于数据要素市场的统筹机制尚不明确，各

地各部门的创新实践会凸显数据要素市场本地化、区域化特征，条块割裂、壁垒突出和配置脱节等问题将会进一步显现，不利于数据要素在全国范围内跨地区、跨行业、跨层级的有序流通。二是数据确权难。数据确权是构建数据要素市场的关键和难点问题，确权机制与传统生产要素存在较大差异。数据权属生成具有主体多元、过程多变的特点，当前我国数据确权原则尚不清晰，导致市场主体在数据交易时顾虑多、成本高，生怕踩到法律的红线，难以形成有效供需关系。三是交易流通难。我国尚缺乏权威、统一的数据要素可信流通基础环境，数据交易双方信任机制难以有效建立。在交易事前阶段，缺乏针对交易对手方和数据产品的评估体系，脏数据、假数据随处可见，数据来源的合规性合法性难以保障。在交易事后阶段，缺乏提供可信交易评估、公证、仲裁等第三方服务机构，难以控制数据使用流向。四是数据定价难。不同于大多数商品“先了解后使用”的模式，大多数据产品的了解过程与使用过程重叠，导致数据可用性无法事先确定，买卖双方对于数据价值的评估存在“双向不确定性”，此外，数据具有高固定成本低边际成本、产权不清、来源多样、管理复杂和结构多变等特征，使得数据要素定价难度远大于其它传统要素。五是安全保障难。数据资源的价值已经成为各市场主体的共识，但由于场内交易量持续偏弱，数据交易的“灰色产业链”依然存在。虽然，网络安全法、数据安全法、个人信息保护法等法律法规相继出台，但数据所有权衍生出的使用权、交易权、收益权等在执行层面仍存在矛盾与冲突的地方，法律法规落地见效仍待各地不断实践。

## 三、完善“四项举措”，是推动我国数据要素市场发展的动力之源

数据要素市场建设任务艰巨、头绪繁多，要解决这些难题和挑战，激活数据要素价值，重点在于统筹发展、分类施策、融合创新、示范带动。具体可以从以下几个方面入手:

一是建立健全数据交易体系。在数据安全法、个人信息保护法等已有法律法规基础上，总结地方数据条例经验做法，研究制定国家数据管理条例，为数据交易流通和开发利用提供基本的行动指南。强化数据立法和监管配套机制设计，探索适应中国国情的确权立法道路，完善数据要素市场的制度规则体系。立足数据要素基本特征和发展规律，建立分级分类、多元创新的数据交易新模式，满足多层次数据交易流通需要。加快数据交易市场体系建设，规范数据交易生态，探索信息披露与交易标准规范相结合的引导机制，解决数据要素交易流通中涉及的相关纠纷，平衡发展与安全、创新与合规的关系。

二是完善数据基础设施体系。加快新型基础设施建设，加强战略布局，加快建设高速泛在、天地一体、云网融合、智能敏捷、绿色低碳、安全可控的智能化综合性数字信息基础设施，打通数字经济发展的信息“大动脉”。重点突破关键软件，推动软件产业做大做强，提升关键软件技术创新和供给能力。完善统一规范的数据流通规则，建立数据来源可确认、流通过程可追溯、超强算力可支撑、安全风险可防范的数据可信流通体系，培育一批数据服务商和第三方专业服务机构，鼓励各类数据服务商进场交易。加快规范区域性数据交易中心和

行业性交易平台，推动区域性、行业性数据流通开发。

三是强化数据技术创新体系。加强关键核心技术攻关，牵住自主创新这个“牛鼻子”，发挥新型举国体制优势、超大规模市场优势，提高数字技术基础研发能力，打好关键核心技术攻坚战。充分利用5G、区块链、人工智能等新技术，全方位提升数据采集存储和汇聚能力，深化人工智能技术在海量数据快速分析处理中的作用。充分利用区块链、隐私计算等新技术，探索高水平共享利用新模式。在确保国家安全、商业秘密和个人隐私前提下，推进政务数据安全有序向社会开放，促进相关行业领域创新创业，促进数据要素市场建设。

四是优化数据安全保障体系。持续加强网络安全保护，加快落实网络安全法、关键基础设施保护条例等要求。持续强化应用安全保护，落实数据安全法，严格依需要数、依法用数，加强共享利用环节数据管控，监测数据流向和使用途径，确保基础数据应用可管可控。建立健全个人隐私信息保护、关键性信息基础设施保护，建立数据安全防护等级制度，推动相关数据管理平台细则出台。加强数据安全监管，落实公共数据和用户个人信息安全防护标准，建立安全防护与预警机制以及数据相关事件的响应和处置措施。

近年来，国家信息中心积极配合国家相关主管部门起草数字经济相关政策规划，协助推进数据要素的确权、定价、交易、开发利用等工作，对数据要素市场的研究不断深入。

# 稳妥推动元宇宙技术与产业发展，助力我国数字经济新增长

中国互联网络信息中心主任　曾宇

元宇宙是主要依托高速通信网络、人工智能、扩展现实（Extended Reality，虚拟现实、增强现实、混合现实等多种技术的统称）、区块链、数字孪生等新一代信息技术构建的虚拟和现实融合发展的世界。新冠疫情以来，在线办公、在线教育、在线培训等应用加速发展，进一步加速社会虚拟化、数字化进程。2021 年 10 月，Facebook 正式将母公司名称更改为“Meta”，专注于以虚拟现实为主的新兴计算平台。近年来，苹果、谷歌、微软等国外互联网知名企业及相关政府机构均全力布局元宇宙。

## 一、元宇宙发展历程和现状

麻省理工学院等研究机构、微软、IBM 等企业几十年来先后围绕虚拟现实、增强现实、可穿戴计算等开展研究，为元宇宙当前的应用提供前期技术积累。1992 年，美国作家尼尔·斯蒂芬森在科幻

小说《雪崩》中首次提出元宇宙概念。2006 年，首家元宇宙公司（Roblox）成立，2021 年 3 月上市，成为“元宇宙第一股”，目前市值已超 400 亿美元。元宇宙之前的发展主要以社交和游戏需求为基础，2021 年进入向社会生产、生活等方方面面全面发展的新阶段，其主要原因有如下三点：一是通信、区块链、大数据、物联网、云计算、人工智能、超级计算等技术的快速发展为元宇宙的融合应用创造了条件；二是新冠疫情爆发后互联网办公、在线教育、在线会议等广泛普及应用为元宇宙向社会生产、生活等全方位渗透提供基础；三是互联网巨头企业周期性推动技术、产品迭代发展，以期大幅提升企业竞争门槛、从而形成垄断的必然。2021 年以来，以 Facebook 为代表的科技企业正式启动元宇宙发展战略，标志着元宇宙进入了新的快速发展阶段。

当下国内外的科技企业都在争相布局元宇宙赛道，元宇宙的概念热度持续高涨，美国 Facebook 公司从 2015 年开始，以虚拟现实（Virtual Reality，VR）和增强现实（Augmented Reality，AR）为切入点，围绕社交生态产品同步在硬件和内容方面进行研发升级。英伟达、微软、Roblox 等企业也围绕实时仿真，人机交互等方面开展业务拓展。国内腾讯等企业结合自身在社交、游戏等方面的优势，在虚拟场景等元宇宙核心技术领域进行技术突破。据有关行业研究报告预计，元宇宙年营收将在 2030 年达到 1.5 万亿美元规模。

除了国内外的一些企业在推动元宇宙技术产业的发展，国外政府部门也在积极参与、推动元宇宙的发展。美欧持续关注元宇宙构建和治理的监管问题，重点涉及数据安全、数据透明度和隐私保护等方面。日韩也积极构建有利于元宇宙发展的政策环境，特别是韩国在2021年11月发布了《元宇宙首尔五年计划》，并发起成立了“元宇宙联盟”，重点在经济、文化、旅游和教育应用等具体领域开展研究。

## 三、元宇宙为数字经济发展带来机遇

元宇宙可以实现数字与物理世界、数字经济与实体经济、数字生活与社会生活、数字资产与实物资产的融合，为我们带来诸多发展机遇，特别给未来数字经济发展带来新的机遇。元宇宙促进产业链新一轮融合发展、推动信息领域新型基础设施建设，加快我国产业数字化和数字产业化进程，切实赋能实体经济全面升级，全面提升社会数字化治理水平。

### （一）元宇宙促进产业链新一轮融合发展

元宇宙的发展将为产业链融合发展带来新机遇。元宇宙的构建是一个复杂系统工程，涉及产业链非常庞大。当前，我国是全世界唯一拥有联合国产业分类中所列全部工业门类41个工业大类、207个工业中类、666个工业小类的国家，依托我国工业制造的优势地位，我国元宇宙相关产业已具备较坚实的技术和产品积累。未来，借助元宇宙带来的新一轮产业投资，将进一步拉动产业链上下游更大范围资源优势整合，有效促进各细分产业之间协同合作和产业链融合发展。

### （二）元宇宙推动信息领域新型基础设施建设

超算中心、云计算中心、大数据中心等是元宇宙构建虚拟空间所必须的信息基础设施；5G 支持 1Gbps 的用户体验速率、每平方公里一百万的连接数密度、毫秒级的端到端时延、每平方公里数十 Tbps 的流量密度，5G 通信技术为元宇宙提供高速、低延时、规模化接入传输通道；区块链技术支撑了元宇宙技术与经济体系；数字孪生是元宇宙的底层基础支撑技术。构建完整的元宇宙生态，也必将拉动 5G/6G、云计算、人工智能、大数据、物联网、数字孪生、扩展现实、区块链等技术的广泛应用和超算中心、云计算中心、大数据中心等信息领域新型基础设施的统筹布局和建设，为我国数字经济发展提供新动力。

### （三）元宇宙将加快推进我国产业数字化和数字产业化发展

元宇宙将基于数字孪生、扩展现实、去中心化等关键技术以及 5G、人工智能、大数据等新一代信息技术，融合现实与虚拟世界、数字经济和实体经济、数字生活和社会生活，从虚拟维度赋予实体经济新发展模式和发展活力。元宇宙将进一步促进我国人工智能和区块链等基础软件产业的技术创新与发展；元宇宙将进一步提升信息领域新型基础设施的建设和应用；将加快可穿戴设备等物联网智能设备技术的升级换代速度，提升我国在电子设备制造方面的水平；工业元宇宙将进一步推动传统制造业数字化进程，助力高端制造业发展。元宇宙的发展将推动我国实体经济和数字经济进一步深度融合，赋能我们的实体经济，并且将以科技创新催生新模式、新业态，促进经济社会数字化全面提升。

### （四）元宇宙将全面提升社会数字化治理水平

元宇宙推动数字世界从物理世界的模拟，逐渐演变为物理世界的延伸和拓展。元宇宙将以虚实融合的方式深刻改变现有社会的组织与运作，催生线上线下一体化融合型新型社会关系，数字孪生的推演和优化，也将显著反馈于现实世界，提升现实社会治理能力和效率。基于新一代信息技术，特别是基于数字孪生、扩展现实、区块链等技术，元宇宙将显著提升社会数字化治理水平，为全社会提供更加便捷、更加普惠、更加均等、更加智能的公共服务。

## 四、面临挑战和需防范的风险

### （一）核心关键技术有待突破

元宇宙是一个超巨系统，是一个大型在线游戏、社交系统（元宇宙前期应用主要以游戏和社交为主）、可编辑世界、经济系统、去中心化认证系统、扩展现实（XR）等的集合体。数字孪生、去中心化、扩展现实是元宇宙的三大支撑技术。数字孪生是在虚拟空间内建立真实事物的动态孪生体。数字孪生最初用于工业制造领域，基于传感器，本体的运行状态及外部环境数据均可实时映射到孪生体上。元宇宙需要数字孪生来构建细节极其丰富的拟真环境，营造出沉浸式在场体验；需要去中心化技术实现数据去中心化管理、资产数字化、治理规则的透明化等；需要扩展现实技术为体验者带来虚拟世界与现实世界之间无缝转换的沉浸感。

在关键技术方面，元宇宙面临系列挑战：元宇宙对底层通信网络在带宽和时延方面有极高要求，要求我们在底层通信网络方面采用更高的带宽、更优的通讯算法等，采用光互联等传输方式，来解决高带宽低时延的挑战；在海量物理和数字对象管理方面，我们需要用全新的标识解析架构，需要支持海量对象管理的高可扩展性，需要支持管理的隐私保护、真实认证；系统需有内生安全机制设计，支持抗攻击、攻击溯源等功能和手段；需要支持程序设计在建模、编码、调试、运行、维护、故障处理等方面的复杂性；需支持高可靠、高容错体系结构设计，要采用多级容错技术；需支持大规模海量、异构数据的分布式存储，支持大规模分布式系统的数据一致性；元宇宙平台的建设，需大量采用低功耗部件，采用多层级节能技术，以减少系统能耗；需解决元宇宙部分中心化治理监管模式和底层去中心化技术架构设计的不一致性等等。

### （二）相关技术标准协议体系需进一步完善

2011 年至今，ISO/IEC、IEEE 等国际标准化组织先后尝试在元宇宙相关设备接口、数据同步等方面构建通用技术体系，并推动其技术应用。虽然部分元宇宙相关技术标准协议已经建立，但还很不完善，很不成体系。元宇宙需要一套完整的标准协议体系，包括身份认证、基础资源管理、平台数据交互管理、数字资产管理、社交关系管理等方方面面一系列通用标准和协议。我们需以完整的元宇宙技术标准协议体系来保障用户在元宇宙中的身份唯一性和通用性；保障用户所持有元宇宙数字资产和内容能在各大平台实现互认与流转；保障元宇宙基础资源管理的高效、公平，并满足多利益相关方多元化、复杂化的利益诉求。

**（三）治理监管面临风险挑战**

元宇宙以虚实融合的方式深刻改变现有物理世界的组织与运作，对元宇宙虚拟和现实空间进行高效数字化治理，面临诸多新挑战。元宇宙作为数字与物理世界、数字与社会生活的融合体，其社会规则、管理次序、组织形态、道德法则、经济秩序、金融系统、分配制度、宗教风俗等和现实社会一样，需要有明确定义和规范。元宇宙世界和现实世界一样，需要完整法律体系和制度进行约束、监管。元宇宙的治理和监管需要相关部门前瞻研判、积极应对，特别要加强立法和监管方面的一些前瞻性研究，防患于未然。

## 五、建议

**（一）发挥我国工业制造门类齐全优势和互联网市场优势，吸引国内外产业资源，积极布局我国元宇宙产业生态**

元宇宙产业链长、涉及面广，涉及产业链上下游诸多环节，当前国内外资本市场对元宇宙持续关注。在元宇宙发展过程中，建议发挥我国工业制造门类齐全优势和大市场优势，发挥我国互联网网民众多、互联网应用蓬勃发展等优势，在国内加快制定发展元宇宙相关指导意见，完善技术标准规范，强化元宇宙监管治理，推动我国元宇宙产业健康发展；在国际积极吸引技术、资本、产业资源，共同谋划推进元宇宙相关区域性国际组织的发展。

**（二）进一步探索工业元宇宙的创新应用，打造工业元宇宙的关键应用场景，促进产业数字化快速发展**

制造业是元宇宙的关键应用场景，也是元宇宙赋能经济发展的重要领域之一。工业元宇宙是工业数字孪生发展的新阶段，是数字经济与实体经济深度融合的重要领域。建议抓紧开展工业领域元宇宙创新研究，通过建设和打造一批典型示范应用场景，逐步推进工业元宇宙产业应用和产业化发展，切实赋能我国实体经济全面升级。

**（三）体系化发展元宇宙关键技术，前瞻规划部署信息领域新基建**

要加大数字孪生、去中心化、扩展现实等技术的研究与应用推广；大力发展未来网络、量子网络、卫星互联网、量子计算、量子存储等前瞻技术，并推动其在元宇宙中应用；要积极开展元宇宙虚拟世界数字资产全局标识、管理等研究工作，逐步构建支撑有效监管的新型元宇宙基础资源管理体系；要进一步推动元宇宙应用场景下高安全、高容错、高可靠、高效能等技术研究工作；要总体规划和积极布局有效支撑元宇宙应用形态的绿色、智能、高效的新型网络通信基础设施、新型数据中心、新型算力中心等工作，大力建设融合型元宇宙基础设施平台。

### （四）进一步防范元宇宙治理、监管等方面风险，加强法律、制度、标准、规范等建设

元宇宙将对整个互联网行业、对全球数字经济，对各国的政治、经济和社会的发展乃至国家安全都会产生深远影响，所以我们要高度重视。因此，需进一步防范元宇宙治理、监管等方面风险，加强法律、制度、标准、规范等建设，特别要加强前瞻性立法研究，重点关注元宇宙监管、数据安全、隐私保护等问题。

### （五）以元宇宙提升公共服务、社会治理数字化、智能化水平

元宇宙的孕育和发展带来新的契机，也推动我们国家社会治理模式实现新发展。元宇宙基于扩展现实、5G、人工智能等新一代信息技术，为公共服务、社会治理提供全新模式和视野。建议以虚拟拉动现实，在扩展现实、人机交互等领域持续发力，探索新型智慧城市治理机制，打造元宇宙政务服务新模式、新业态，以元宇宙提升公共服务、社会治理数字化、智能化水平，促进数字化社会治理服务融合创新迈向新台阶。

# 时空大数据生态系统与数字经济高质量发展的探讨

自然资源部中国地质调查局副局长　李朋德

近年来，不断出现基于位置的大众信息服务应用（App）被强制要求下架的事件，说明我国数字经济发展还不规范，尤其是时空大数据生态系统还不健康、不平衡。数字经济得以快速发展的关键在于互联网平台实现了用户、服务、商品和金融之间的无缝联通，其核心是数据资源，价值体现在应用场景创新。数字只是表现，数据才是基础，数据包罗万象，但都离不开时间和位置，因此时空大数据成为数字经济的重要基础设施。如何才能建立健康的时空大数据生态体系，正成为世界各国都在积极探索的问题。

## 一、新经济新业态 挑战秩序

信息时代的社会每时每刻都离不开数据和网络，但我们一般都不专门关注支撑信息服务的通信网络、数字化技术和地理空间位置信息。全球肆虐的新冠疫情全面阻碍了人们面对面的轻松交流，使全球的交通运输系统几近瘫痪，经济活动全面紧缩，货币供给严重不足，不接触式的现代物流构建了相对安全的新服务形态，远程教育和交流成了常态，因此，人们都感到信息网络带宽严重不够，信息技术的表现力还难以替代人们面对面的交互。面对快速发展的数字经济，人们的焦虑感日渐增长。

值得注意的是，2021 年 7 月份某个在外国股票市场上市的大型企业开发的大众服务应用 APP 被要求下架，该企业又宣布要从国外退市再去香港上市。该企业的服务基于时空大数据和广大用户信息，数据服务器居然设在外国！还有 2021 年底针对网络带货主播偷漏税高额处罚，引起了社会高度关注！另外车联网快速发展，部分数字化新能源车辆不仅采集路径时空信息，还大量收集了乘客信息，而服务器也不在境内。

数字经济发展涉及到很多问题，尤其以下三个问题与时间、空间和客户密不可分：一是平台借助于大数据分析和人工智能，对从业的快递员、驾驶员的友好程度下降。二是平台收集了海量的客户和位置信息，这些信息涉及数据隐私和安全保护。三是数字化终端获得巨量的地理位置信息，这些数据的服务器有的没有设在境内，给国家带来安全隐患。

为此，需要加快研究时空大数据生态系统建设的问题，在法制、标准、数据、技术、平台、安全和监督方面提出新的治理体系。

## 二、党中央国务院　布局治理

党中央国务院一直高度重视数字经济的高质量发展和国家安全。建设数字中国和网络强国是国家目标。2021 年 10 月 18 日，中共中央政治局就推动我国数字经济健康发展进行第三十四次集体学习。大会强调，近年来，互联网、大数据、云计算、人工智能、区块链等技术加速创新，日益融入经济社会发展各领域全过程，数字经济发展速度之快、辐射范围之广、影响程度之深前所未有，正成为重组全球要素资源、重塑全球经济结构、改变全球竞争格局的关键力量。

## 三、新法律新规范 增强自律

网络、数据和平台是新经济的三大支撑，在此基础上才能形成各个领域的信息化应用。网络提供了数据的通道，数据是各类业务的数字化表现，而平台是实现数据加工、实现应用的关键。具备计算和存储能力的平台是最复杂最有新意的，尤其随着网络金融、云计算和物流数字化的发展，新的应用场景不断涌现，比如在线游戏、及时信息服务、网约车、订餐、粉丝圈等等。如何管理新的数字经济必须要有新的法律法规和执法体系。

我国一直在加大推动网络化、数字化和信息化的依法治理体系。2017 年 6 月 1 日实施的《网络安全法》是为了保障网络安全，维护网络空间主权和国家安全、社会公共利益，保护公民、法人和其他组织的合法权益，促进经济社会信息化健康发展。

2019 年 5 月 15 日实施的《政府信息公开条例》明确政府信息的依法开放和共享。

2017 年 7 月 1 日实施的新修订的《测绘法》不仅规范测绘活动，更要维护国家地理信息安全。这正是数字经济中用到的海量地理空间信息必须遵循的法律。

2021 年 9 月 1 日实施的《数据安全法》是为了规范数据处理活动，保障数据安全，促进数据开发利用，保护个人、组织的合法权益，维护国家主权、安全和发展利益。这为数字经济的进一步规范化提出了遵循。

2021 年 11 月 1 日实施的《个人信息保护法》是为了保护个人信息权益，规范个人信息处理活动，促进个人信息合理利用的法律。明确自然人的个人信息受法律保护，任何组织、个人不得侵害自然人的个人信息权益。

基于这些法规和条例，我国还建立了信息系统安全、信息安全、网联汽车、信息采集等一系列的标准体系，这些都成为规范数字经济发展的准则。当然，随着技术的快速发展，这些标准要不断更新维护。

由于数字经济的主要参与者是企业，产业协会和创新联盟要发挥灵活的联络作用，让企业能够形成约定的规则，增加自律性！

## 四、创新跨界融合 依靠科技

共享是数字经济的重要方向之一，共享汽车和共享单车是最常见的服务新业态，上千万快递员搭建起来供需链条，代驾也是一种重要的专业服务。这些服务都有一个共性，即需要特定的时间和地点，因此是时空信息支撑的新业态。但是，这些服务需要云服务平台，平台搭建了供应、需求、商品和资金的链条，一旦平台中有环节出了问题，这种新经济业态就没法正常运转。比如，2021 年 7 月 20 日，郑州发生的特大暴雨，就导致了这种服务的失灵！

我国的测绘系统多年致力于构建国家地理空间信息基础设施，在大地坐标系统建设、导航与测绘卫星系统建设、基础地理信息采集和更新、地理信息服务平台和公共地图产品开发方面取得了巨大成就。建成了相对完备的标准体系，而且主导了系列国际标准的制定。测绘地理信息的应用更是广泛渗透，无论是政府规划决策还是应急救灾，无论是精准农业还是地图导航，无论是快递服务还是共享单车，测绘地理信息服务千家万户。

准确确定空间位置、知晓时间是人类一直以来的追求。每一次科学技术革命都让这个追求有了新进步。空间站如何准确对接？水下沉管如何联通？地下管网如何施工？自动驾驶如何实现？你的快递在哪里？你的目的地在哪里？你没去过但想了解的目的地又在哪里？出租车在哪里接你？司机等了你多久？人类任何时候任何地点都离不开准确的时空信息支撑。

借助于移动互联网和网络支付能力，测绘地理信息的跨界创新层出不穷。借助于全球卫星导航定位系统 GPS、格拉纳斯、伽利略和北斗卫星导航系统，我们可以通过网络把时间与空间融合在一起。借助卫星遥感、航空摄影测量和移动测量，我们可以获得丰富的地理信息，借助地质调查和地理考察，我们不断增加对地球的认知。

因为时间和空间是绝大多数数据的基本特征，而且不以人们的意志而变化。我们常见的人、财、物离不开时间和空间，而政府管理、企业发展、科学研究、生活娱乐都需要时间空间信息。线上的交易税收困难，国际贸易结算隐患多，如果利用时间和空间信息来开展大数据分析，则能够提高防范能力。

因此，时间和空间是信息时代的新型基础设施，万事万物的时空位置都需要基础设施来支撑，这是个看不见的多维坐标系，需要加大力度集成和创新。

## 五、国际合作交流 深度参与

全球化包括政治、经济、环境和文化各个方面，互联网、快速交通体系、国际贸易和国际治理体系促成其快速发展。人造卫星为全球提供定位、授时、遥感和通信服务。互联网改变了世界，随着移动互联网的发展，覆盖全球的卫星互联网成为未来的期待。在地球任何地方、任何时刻都能享受信息网络服务，全球物联网就可以构建起来，世界成为一家的“地球村”之理想就不会遥远。

然而，全球互联网的可靠性如何？实现了全球互联的世界也许很脆弱！互联网是否会被个别国家垄断？全球的时间系统是否会被干扰？全球的地理空间信息是否能够共享？各国的能力建设能否跟得上科技发展？线上的国际贸易如何通关结算才能公平安全？这些问题都需要各国协商，要形成专门的条约，共同遵守。

联合国高度重视数字经济、互联网和地理信息发展与合作。在全球治理体系和能力建设上，中国一直是重要的倡导者和推动者，尤其“一带一路”倡议和“人类命运共同体”思想得到了广泛的支持。联合国全球地理信息管理专家委员会（UN-GGIM）提出的综合地理空间信息框架（IGIF）正式成为提高全球时空大数据生态系统建设的指南。该框架包括了三个层九大方面：第一层是治理，包括机构、政策法规和财政；第二层是科技，包括数据、创新和标准；第三层是人，包括伙伴关系、能力教育和宣传普及。地球观测组织（GEO）也在全面推进全球能力建设和机制建设，早日实现全球化的地球观测系统目标，让地球时空大数据源源不断服务可持续发展目标。

我国要积极发挥中国特色社会主义的制度优势，做好顶层设计，统一规则，分行业、分地区实施，不断提高时空大数据水平，在全球推广我国的时空大数据生态系统建设范例。

## 六、时空信息基础框架　安全第一

时空大数据具有地理空间分布性、多尺度性、多时间性，要强制性打通数据孤岛，发挥时空大数据的索引和催化剂作用，让各类信息的数据资源迸发出无限的可能。

基础地理信息是战略性数据资源，是时空信息的核心和基础，要加大力度开发公共地理信息产品，通过构建公益性的平台支撑增值开发。卫星导航定位基准要提供公共服务接口，提供导航和位置服务等应用。卫星遥感大数据要形成统一的目录，开展时空大数据分析，为各类应用提供更加直接的能力支持。尤其要把时空信息与天基互联网建设统筹起来。

地理信息涉及到国家安全，而进门入户的“最后100米”数据涉及个人信息安全。车联网中，道路和设施精细数字化，每辆汽车都是时空信息采集终端，畅通的实时数据通信把车辆与服务器联为一体，服务器端形成的超级时空大数据可以反演形成精准的坐标系统和地理信息数据，车联网的监管必需纳入法治轨道。

“国家时空信息基础设施”属于新型基础设施，是国家安全体系的重要基础，因此建议把“国家时空信息基础设施”作为国家安全工程来抓，确保时间空间信息服务的可靠性，不断提高我国数字经济的高质量发展保障水平。同时，把“全息数字地球基础框架”纳入该基础设施，动员国内外力量推进地球数字化工程，充分发挥各个大数据中心的独特作用，尤其要加紧研究建设与管理的问题，提高法制化、科学化和标准化管理的能力和水平。

# 下篇

## 发展趋势

# 人工智能与全球运作战略

里昂商学院人工智能学院院长　龚业明

人工智能从 1950 年开始经过三次浪潮，目前处于在机器学习和深度学习突破之后的上升期。人工智能技术在深度学习等各方面取得巨大的突破，具备一定实用性和应用价值。

## 一、基于人工智能的企业运作战略

基于人工智能的价值创造，我们可以利用人工智能来创造经济价值，环境价值和社会价值。(1)在经济价值方面，比如高频交易等人工智能技术运用在金融的很多领域。(2)在环境价值方面，比如，芬兰用人工智能做智能垃圾分类处理。(3)在社会价值方面，比如，现在投资比较多的无人交通系统，还有基于人工智能的城市管理系统，还有防撞的公共交通系统以及现在人工智能在法律上有所为的在线法院。

基于人工智能的运作战略，零售商曾经最麻烦的问题就是结账等待的时间过长，在很多大型的商场里，等待的时间可能达到 20–30

分钟。我们曾经想通过 RFID 来解决这个问题，现在可以用基于人工智能图像处理的技术来处理这样的问题。用这样的案例引入一个基于人工智能的运作战略。运作战略是研究一个组织擅长如何运作，我们培养哪种竞争力，为了提供这种竞争力，一个运作系统应该提供什么资源与过程。基于人工智能运作战略的一个基本目标就是价值最大化。

我们在考虑基于人工智能的运作会有三个视野。一是它的资源视野，就是在人工智能环境下，我的企业运营中使用什么样的资产，使用什么样的资源。二是人工智能环境下的过程视野，研究人工智能环境下运作的活动集合。三是人工智能环境下的竞争力视野，就是什么可以做，什么不可以做，然后在人工智能环境下，如何使我们的企业做得更好。基于人工智能运作战略的基本定义是一种发展基于人工智能的资源，构造基于人工智能的过程的规划。这是我们基于人工智能运作战略的基本框架。

制定企业运作战略时，必须考虑一致性原理，就是说基于人工智能资源与过程和基于人工智能的竞争力相匹配，进一步和基于人工智能竞争战略也要一致。目前做得比较多的人工智能的运作战略，主要有两种，一种是做成本下降，还有一个是做新价值的创造。曾经认为人工智能用得比较多的是成本创造，最近有很多基于人工智能新的价值创造模式。

## 二、基于人工智能的全球企业运作

人工智能运作战略涉及全球化的时候，就会涉及五个边界的跨越，第一个是政治分隔，第二个是文化分隔，第三个是物理分隔，第四个是发展分隔，第五个是关系分隔。

1. 我们可以使用人工智能处理很多政治分隔，在处理政治分隔这种全球化过程中，一个企业可能有三种战略，有被动反应、正面预期和参与公共政策的塑造。

2. 人工智能也可以处理文化分隔。中国人和西方人之间有不同层面的文化分隔，有个人文化层面的，有组织文化分隔，有公司文化分隔，有国家文化分隔和全球化分隔，这些文化分隔都可以用人工智能来进行处理。第一个是传统上对文化上有四个不同维度，比如，个人主义和集体主义，在中国这个集体主义就会多一些，在西方个人主义（比如美国）多一些，人工智能会部分消除这种差距。第二个我们常用的考虑的文化视野就是权利距离，比如，中国的权利距离是非常大的，但是有人工智能后，可能权利距离会有所缩小。第三个文化差异是不确定性避免。第四个就是男性气质和女性气质。比如，在应用人工智能之后，国家的男性气质和女性气质都会改变。

举一个中国人和法国人区别的例子，比较大的差异就是个人主义维度，中国的个人主义分数是很低，法国人却有 71 分。使用人工智能之后这个差异可能会缩小。再比如说中国人和法国人之间非常大的文化差异就是不确定性避免。中国人的不确定避免比较低，30 分左右。也就是中国面对不确定性的时候是可能愿意去参与的，有的中国人是喜欢“赌博”的。但是在法国文化里面，不是很喜欢“赌博”，法国人不确定避免达到 86 分，他们不确定的文化。但是有了人工智能之后，有可能会在这些维度上形成文化差异的改变。现在很多中国人开始做风险防范。很多法国人很愿意在企业的运营中参与更多的不确定性。这导致中国人和法国人在沟通上面会比以前更加流畅。

3. 在全球化运营方面还有物理分割。比如供应链，一个供应商在这个国家，一个供应商在另外一个国家，但是人工智能对物理分割会起到作用。

4. 高收入地区和低收入地区之间的发展分割，人工智能有利于在资源与过程上面跨越这种发展水平的分割。

5. 关系分割。在任何一个国家关系都可能是重要的，只是每一个国家对关系的理解不同。人工智能能较大地改变我们中国人对关系的处理。中国人的所谓关系是有两个基础，一个是面子一个是人情。中国人的关系主要的社会结构，第一层是家属，第二层熟人，第三层是生人。这种关系具有可传导性、相互性、功利性。人工智能对中国关系的维度都会造成冲击。

## 三、人工智能的产业应用

关于人工智能和制造战略。制造相关的几个战略主要有美国的工业互联网战略，德国工业 4.0 战略。工业 4.0 战略认为 18 世纪末蒸汽机时代叫工业 1.0，目前叫工业 4.0。但不是所有人都认同这种划分。我们现在只不过是属于人类用机器解放脑力的过程中，现在的时代是工业 2.0 时代而已。看得更长远一点的话，会发现德国体系所说的所谓的工业 2.0 和 3.0 对于人类文明的进步没有那么显著。曾有中国企业经理人说，我的企业已经进入到 3.8 了。这些观点是错误的。因为工业 4.0 不仅是一个企业问题，是一个体系的问题。

人工智能在制造领域的应用很多，有中国制造 2025，德国的工业 4.0 等，他们都有不同的特点。目前大家都比较清楚美国的工业互联网和中国智能制造 2025 之间存在竞争。中国智能制造业目前也面临了很多挑战，比如很多高端制造业回流欧美发达国家。一部分低端制造业向东南亚移动。移动互联网和小批量多品种定制化对中国制造业提出了新的要求。中国制造业服务化和服务业的制造化，还有一些目前新的制造模式，制造工具、制造组织也层出不穷，为制造业的升级提供了新的土壤。智能制造在中国有很多代表性企业，有一些企业做得非常好，比如格力和美的，他们有不同的思想。使用格力强调用智能装备进行自主研发，美的的重点则更多是数据、信息来打通产业链。目前关于人工智能在制造业上的应用有三种演进路径或者语言体系。美国人比较喜欢叫作第一次浪潮革命，第二次浪潮革命，第三次工业互联网。中国叫作工业化与信息化深度融合到中国制造 2025。德国人叫作第一次革命到现在的所谓第四次革命，演进路径不太一样。

通信产业可以用人工智能处理挑战，比如说对支持服务器进行优化，支持顾客的需求，应对 5G 和 IOT 的挑战，处理安全问题。人工智能应用到通讯行业的主要逻辑是路径和连接。路径和连接的价值创造主要还是一些战略性模式。比如说面向服务的运作战略，减少通讯服务差错，预测服务目标与市场需求，提高通讯服务的效率。人工智能在通讯行业的角色，主要是对通讯堵塞进行分类，资源优化，网络优化，和通讯网络的协同。人工智能应用有自我优化的网络，还有智能的虚拟机，特别现在通信领域用得比较多的就是机器处理自动化。列举全球前十名的人工智能赋能通讯公司，可以看到他们在做什么。比如，用人工智能做顾客服务，提高顾客的体验。很多通讯公司用聊天机器人提高服务，做 5G 应用服务的，还有把人工智能和云计算集成在一起的，所以人工智能在通讯产业的应用非常广泛。

## 四、结束语

人工智能对社会的影响目前有两种观点，一种是脸书的观点，对人工智能的前景还是比较乐观的。还有一种，如马斯克的观点是悲观的，他认为人工智能会威胁人类的工作。中国人的文化是比较偏乐观的，文化学研究表明中国人的不确定性避免这一文化维度测量是比较低，说明对未来比较乐观。但我们需要对人工智能两面的影响有进一步的思考。

# 推动企业数字化转型<br>助力数字经济高质量发展

中国人民大学中国企业创新发展研究中心主任　姚建明

当前数字经济正在成为重组全球要素资源、重塑全球经济结构、改变全球竞争格局的关键力量。要站在统筹中华民族伟大复兴战略全局和世界百年未有之大变局的高度，统筹国内国际两个大局、发展安全两件大事，充分发挥海量数据和丰富应用场景优势，促进数字技术与实体经济深度融合，赋能传统产业转型升级，催生新产业新业态新模式，不断做强做优做大我国数字经济。

根据中国信息通信研究院于 2021 年和 2020 年分别发布的《中国数字经济发展白皮书》显示，2019 年我国数字经济增加值规模 35.8 万亿元，占 GDP 比重 36.2%，同比提升 1.4 个百分点，2019 年我国数字经济名义增长 15.6%；2020 年我国数字经济增加值规模达 39.2 万亿元，占 GDP 比重 38.6%，数字经济增速达 GDP 增速的 3 倍以上。可以看出，我国的数字经济发展态势良好。

围绕本次报告主题"推动企业数字化转型，助力数字经济高质量发展"，将主要从以下三个方面展开阐述：一是对我国发展数字经济的战略路径进行简要归纳和总结，理清数字经济和高质量发展的关系；二是对当前企业数字化转型中存在的普遍问题进行归纳；三是围绕如何做好企业数字化转型做简单总结。

## 数字经济发展的战略路径

在“十四五”发展的核心逻辑中，高质量发展是未来的发展目标，高质量发展的核心是要保证发展的均衡、公平与持续，而实现发展的持续性则必须依靠良好的科技创新。在科技创新中，关键技术的自主可控是未来发展的重要保障和支撑。然而，有一个问题是，科技创新以及经济的持续发展是需要动力来源的，而随着数字技术的不断进步，数字经济的蓬勃发展为整个社会的经济发展和科技创新带来了新的动力。《中华人民共和国国民经济和社会发展第十四个五年（2021–2025 年）规划和 2035 年远景目标纲要》的发布，将数字经济发展独立成篇，从经济、社会、政府、生态四个方面，为我国数字经济的发展指明了方向。这是首次全方位、立体化、系统性地对数字经济的发展进行的全面部署。从《纲要》中有关数字经济发展四个方面的具体内容可以看出，未来数字经济的发展无处不在，必将深入到人们生产生活的各个领域和方方面面。因此，无论从什么角度看，数字经济都是未来重要的发展方向，而企业的数字化转型对于推动整个国家的数字经济发展无疑起着重要的支撑作用，是企业顺势而为的必然选择。数字经济发展的战略路径如图 1 所示。

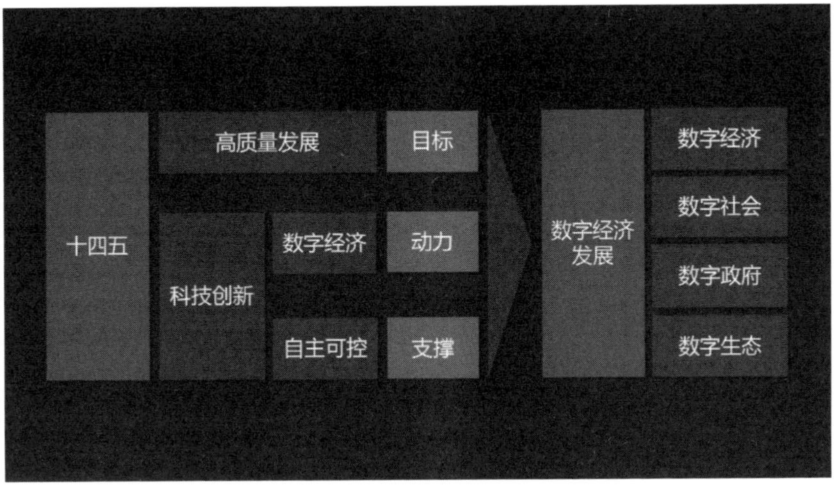


**图 1　数字经济发展的战略路径**

## 企业数字化转型中普遍存在的问题

通过近些年对企业数字化转型实践的了解发现，当前企业数字化转型的典型问题主要有如下几个方面，如图 2 所示。

第一，目标不清、落地迷茫。一些企业在做数字化转型时的目标不清晰，导致转型和落地过程较为迷茫。比如，当前数字化转型大部分都是企业的信息部门在推动，其入手点多数在改造原来的信息系统和平台上，其改造的逻辑仍没有什么新的变化。但当改进工作落到企业各个部门时，一系列的问题出现了。例如，对于各部门的具体问题到底如何解决？原来的系统是否需要替换成新的系统？替换成谁（供应商）的系统？如果不替换，原来的系统到底怎么衔接？系统中什么样的数据应该保留（保留数据是要消耗成本的）？什么样的数据不应该保留？等等，一系列新的问题就出来了。最后我们发现很多企业对于这些问题并没有思考清楚，导致在推进数字化转型时感到很迷茫，不知道数字化转型到底要做什么、怎么做、做到什么程度。

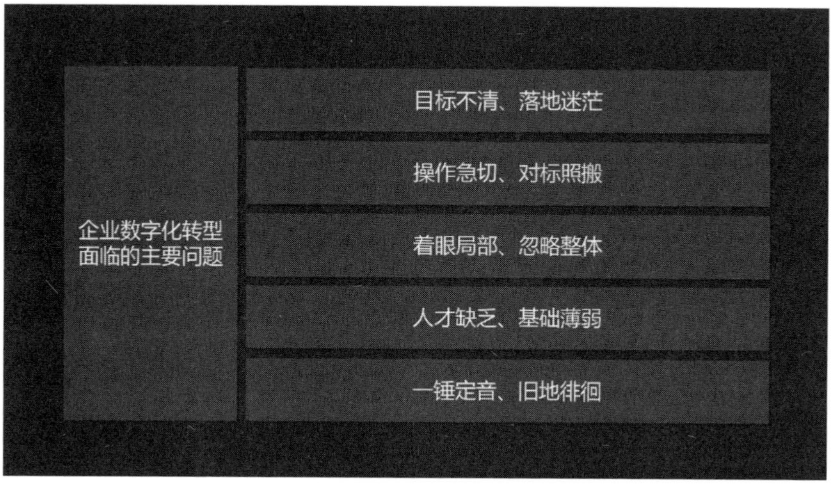


**图 2　企业数字化中存在的典型问题**

第二，操作急切、对标照搬。当前，很多不同性质的企业都在推进数字化转型工作，当然各方面推动的原因有很多。为了尽快实现数字化转型，很多企业都想找到一个标杆企业进行转型方案的对标和照搬。但现实是，在数字化转型推进的这些年来，并没有一家企业的数字化转型可以称之为完美的标杆，都是在不断探索和前进中。如果不加思考地照搬其他企业的做法不仅不一定能够解决本企业的问题，反而可能导致较高的投入而得不到应有的产出。

第三，着眼局部、忽略整体。例如，某些本身属于数字化产业领域的互联网公司，虽然其数字技术的使用率较高，但多数企业都是围绕业务领域展开的，如大数据营销、大数据杀熟等，其数字化往往做得并不全面。特别是在企业的管理决策领域，如在战略层面的战略和文化决策上，往往没有用数字化的思维和技术进行支撑，导致企业出现了很多问题，这些例子已不鲜见。因此，企业做数字化转型不仅不能盲目照搬，更重要的是需要从企业运行的整体系统角度出发，进行合理规划与落地。

第四，人才匮乏、基础薄弱。当前，尽管我们在人工智能、大数据、区块链等技术上取得了较大进展，但相关的资深技术人才仍然匮乏，特别是数字化转型需要的复合型人才更为匮乏，需要长时间去培养。而在技术方面，原始创新技术、核心技术基础较为薄弱。特别是在数字技术中的数据技术和计算技术方面表现较为突出。比如，以企业的档案管理为例，市面上成熟的档案管理系统能解决的是档案中的信息传到系统之后如何处理的问题，但企业的诉求点往往在纸质档案如何和系统对接的问题。显然，这一问题的解决更多的需要通过物联网技术、通过开发新的硬件技术产品来解决。因此，真正要把数字化转型做好，基本前提是实现万物互联，必须通过不断的硬件、软件、算法等技术创新来进行支撑。

第五，一锤定音、旧地徘徊。企业做什么样的数字化转型才能算作成功？实际上，成功永远是在路上，因为企业的问题会不断涌现、层出不穷，企业的数字化转型也要不断地推进，不断地解决企业面临的新问题，不可能一锤定音。

## 如何做好数字化转型、实现高质量发展

通过上述分析可以看出，为了更好地应对企业数字化转型中普遍存在的问题，全方位、系统性、立体化的做好企业的数字化转型，实现高质量发展，需要从五个层面的全域视角进行全面考虑，如图 3 所示。这五个方面的视角即理念视角、战略视角、组织视角、运作视角和技术视角。因为真正的数字化转型要支撑企业的全方面决策，包括企业文化、战略、组织、资源以及运作、业务等各方面的决策。很多企业关注了运作层面的结构化数据但却没有从战略层面的舆情数据里挖掘更多的价值，导致战略决策的失误，如很多互联网巨头企业的垄断行为就是属于战略层面决策失误的问题。

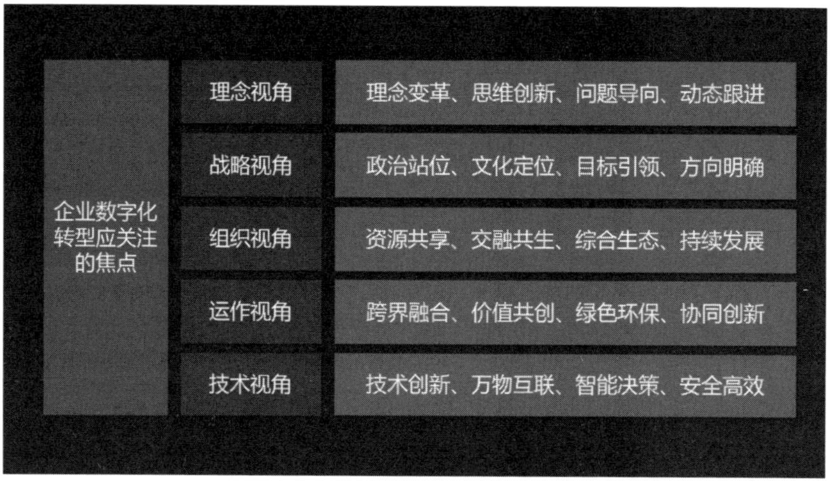


**图 3　企业数字化转型的全域视角**

在理念视角上，企业应该认识数字化转型绝对不是简单的信息化改造，更不是用一种技术资源简单的替换另一种社会资源，如机器换人，而是要用数字技术支撑起来，让所有的社会资源更好地创造出

价值。

新思维引领下，进行数字化转型的战略决策时，一定要政治站位高、目标和方向明确。充分发挥各类别、各种形式的数据在企业决策中的重要作用。有时候我们不是没有数据，而是对数据的认识有所偏差，因而很多数据变成了无用信息。因为，同样一个数据，在不同的场景下其发挥的价值可能并不一样。比如，在影视行业中，很多拍过的电影成为了历史数据，如果放到硬盘上，存到库房里，一辈子不用都没有价值，但如果调用其中的场景出来就会有价值。现在对于数据的认识远远没有达到像其他资产那样容易去进行评估、量化、甚至交易，这都是需要摸索的。

从资源角度来看，数字化转型的关键是实现资源共享、交融共生，打造综合生态，实现持续发展。而在运作视角方面则主要考虑如何实现跨界融合、价值共创、绿色环保和协同创新。此外，从技术层来说，技术创新、万物互联、智能决策与安全高效是需要关注的重点方面。

为了更好地助力我国企业从全方位、系统性、立体化的角度做好数字化转型，围绕上述五个方面的视角，中国人民大学中国企业创新发展研究中心姚建明教授于 2021 年首次提出了企业数字化转型的全域成熟度评价（EDGME）体系（图 4）和企业数字化转型的全域驱动力（EDGD）模型，用来指导企业的数字化转型实践。

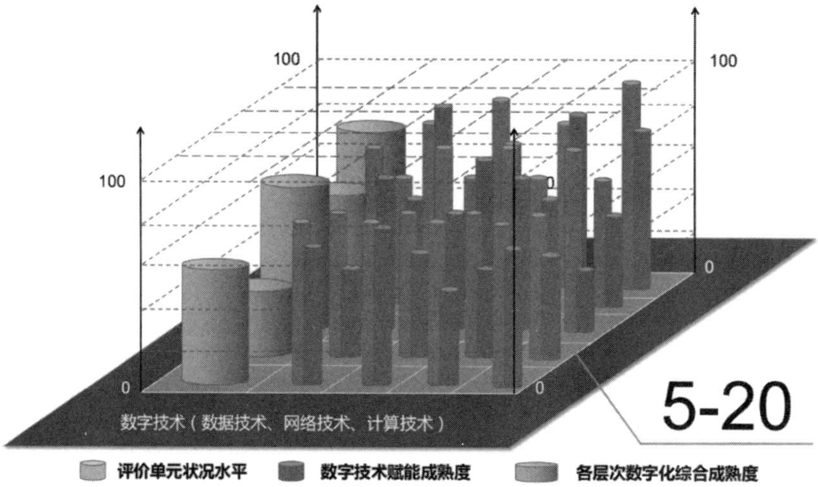


图 4　企业数字化转型全域成熟度评价（EDGME）体系

可以看出，尽管企业的数字化转型应该从多个层面，全方位、立体化、系统性的进行整体规划、蓝图设计和落地推进，但难点肯定是存在的。有时候，从单一的企业角度讲，并不一定有能力实现很多社会资源的有效对接与充分共享。这往往需要各个地方政府在推进地区的数字经济转型时，和企业通力合作，从营商环境、政策等多个方面引导和帮扶企业开展数字化转型；而作为企业一方，也应该充分利用自身的技术、资源和模式优势，为地区的数字经济发展以及经济社会的高质量发展做出贡献。

例如，润泽科技集团在衡阳市打造的智惠产业创新城项目（该项目也是中国人民大学中国企业创新发展研究中心的智力支持项目之一），通过与地方政府协同，将基于数字技术支撑的现代供应链服务模式与衡阳市打造智慧国家物流枢纽的契机相结合，有效探索出地区数字经济发展以及企业数字化转型的新模式和新路径，将基于“新仓

购 + 新融通”的衡阳现代物流商贸模式和基于“跨界 + 融合”的衡阳现代枢纽经济模式有效打通，实现交通物流、产业创新与城市综合协调发展的高质量经济和社会发展模式，如图 5 所示。

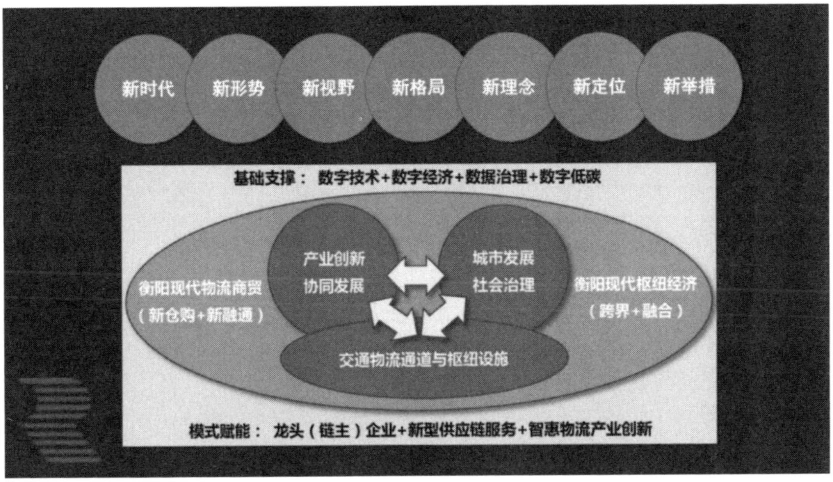


图 5　交通物流、产业创新与城市综合协调发展的创新模式

# 把握先进高效算力建设机遇 助推数字经济产业快速发展

国家超级计算天津中心主任　刘光明

随着数字技术的快速发展，数字经济已经成为国民经济极为重要的组成部分，也成为一个国家的重要国际竞争力。数字技术、数字经济是世界科技革命和产业变革的先机；要推动互联网、大数据、人工智能和实体经济深度融合；要把发展数字经济自主权牢牢掌握在自己手中。

《国家第十四个五年规划和2035年远景目标纲要》提出：要加快构建全国一体化大数据中心体系，建设若干国家枢纽节点和大数据中心集群，建设E级和10E级超级计算中心。

国家发改委于2021年5月发布《全国一体化大数据中心协同创新体系算力枢纽实施方案》，提出：要构建数据中心、云计算、大数据一体化的新型算力网络体系，在东部和西部布局建设全国一体化算力网络国家枢纽节点，加快实施“东数西算”工程。

当前，先进高效算力已经成为支撑数据经济产业快速发展的极端重要、不可或缺的基础，全国各地均在全面规划和建设可满足数字经济产业发展需求的各种类型的算力中心。

## 一、先进算力的技术来源：超级计算机

近代，人类认识客观世界主要经历了如下三大阶段：理论、实验、计算仿真模拟分析。以牛顿和爱因斯坦为代表的大量杰出科学家通过观察和研究，提出了各个领域的体系化理论，例如，经典力学，热力学、电磁场方程、相对论，等等，这些理论不断提升人类认识和洞悉世界的卓越能力。在理论研究的同时，人们通过广泛深入的实验，发明了更多新的装置，不断增强人类驾驭世界的强大能力，例如，法拉第发明发电机，爱迪生发明电灯和可充电电池，瓦特发明蒸汽机，马可尼发明无线电通信机，等等。在人们认识世界的过程中，我们面临着分子、细胞、遗传基因、材料晶格等微观世界，面临着像全球气候、海洋和宇宙等宏观世界，我们使用人类已经提出的理论和曾经行之有效的实验方法，在微小尺度的微观世界和巨大尺度的宏观世界的研究上难有突破。随后，人们逐步使用计算工具，通过构建待研究对象的模型，经过极为复杂的科学计算，研究微观、介观和宏观世界中相关事物的发展规律。通过计算模拟仿真方法，我们破解了人类遗传基因密码，正在深入认识宇宙的起源和发展，人造小太阳（可控核聚变）关键技术不断突破，等等。计算仿真分析已经成为人类认识世界极为重要和不可或缺的技术方法，承担计算任务的超级计算机也就理所当然的成为国之重器。

世界第一台电子管计算机伊利阿克于 1946 年在美国诞生，它标志电子计算机时代到来。随着集成电路技术的成熟和发展，1975 年，超级计算机 Cray-1 问世，它标志着超级计算机时代的到来。为了满足国防和国民经济发展的需要，我国从 1978 年开始研制超级计算机，1983 年研制完成银河 -I 超级计算机，随后，平均每 5 年研制出新一代超级计算机。

超级计算机的重要作用可以概括为：算天，算地，算人。算天：大飞机，航空发动机，气象与海洋，气候，宇宙，可控核聚变（人造太阳），等等；算地：石油，地震，水力发电站水坝，桥梁，等等；算人：基因，细胞，人脑认知，新药，等等。人们认为，超级计算机神通广大。

每一台超级计算机诞生，都汇集了当时电子信息技术领域最尖端的技术和部件，它采用最先进的高度并行、超级高速和高效的设计与工程实现技术。以 2010 年 10 月诞生的天河一号超级计算机为例，它在系统结构上，首次提出和采用了代表世界最先进技术水平的“异构融合并行系统结构”，将高性能通用 CPU 与计算加速器 GPU 巧妙的异构融合起来，通过研发新的并行计算方法、高性能通信系统和高带宽低延迟存储系统，研制成功了世界上第一台实测计算速度达到千万亿次的超级计算机，获得世界 HPC TOP500 第一名，使中国在世界超级计算机领域缺席了 18 年之后，获得了第一个世界第一，令世界高度关注。

从系统构成和工程实现上分析，超级计算机具有如下特征：使用当时最先进的 CPU、计算加速器、存储器、高速互连通信系统、高性能存储系统、超高容量供电和高效制冷，以及操作系统、编译、并行应用、资源管理和各类复杂应用程序的技术，等等；系统规模巨大，例如，一台超级计算机可使用数十万个 CPU 和加速器；研制费用高，将达到数十亿元人民币；用电量巨大，当代最快的超级计算机耗电可达 50 兆瓦左右。

以我国四十年超级计算机研制应用的经验表明，掌握了超级计算机研制和应用技术，相当于抓住电子信息技术发展的“牛鼻子”，也就掌握了发展当代数字经济的技术主动权。从十一五到现在，在国家科技部的规划和领导下，我国建设了八家国家级的超级计算机中心，配套研制了八台当时具有世界先进技术水平的超级计算机，成体系地突破了 CPU、计算加速器、高速互连通信系统、高性能存储系统、高效供电和高效制冷散热关键技术，研发了大量面向国民经济重要领域的应用软件，全面支持了国家重大科技创新和战略性新兴产业发展。随着八家国家级超级计算中心在促进国民经济建设中发挥重要的不可替代的作用，一些有经济实力的城市随后相继投资建设了一批有较强计算能力的地方性超级计算中心。随着人工智能技术（例如，机器学习，神经网络，等）研发的需要，基于超级计算机技术，许多单位研制了一批面向 AI 的计算中心，简称为 AI 计算中心。基于超级计算机研制和应用拓展，诞生了一批数字技术基础性产业，例如，通用 CPU、计算加速器、高性能通信系统、存储系统、操作系统、并行软件、资源管理、超大容量供电、高效制冷散热，等等。最典型的例子是现在具有较大市场占有率的自主研发的CPU，多数是源于国产超级计算机的研制成果。研制超级计算机积累的雄厚技术成果，正成为快速发展数字经济的技术基础。

## 二、数字经济快速发展急切需要先进算力

数字经济产业发展的内涵包括：数字产业化，产业数字化。它包括三个重要环节：1. 网络：将各种末端设备采集的数据传输到存储与处理系统中；2. 存储海量数据；3. 按照应用需求计算和处理数据。现在，我国有遍布各个角落的无线和有线网络，基本可满足现在的数据采集和传输的需要，网络的布局和带宽还没有显现出明显的瓶颈问题。在现有的主要应用模式和技术条件下，存储与计算处理多数是集中在一个系统之中，例如，在一个特定的应用场景（如搜索）和一个特定的信息服务提供方（电商，社交，等），它们是以数据中心（IDC）为基本单元，实现对数据的存储和计算处理的，也就是说，把提供一定服务的相关数据集中存储在一个确定的区域。对数据存储系统的基本技术要求为：并行、高带宽、可靠。来自社会生产和生活的各类数据在处理和使用上有不同的特性，可以按照数据处理和使用的频度分为高、中和低频度数据。以电商展示的商品数据为例，所有的商品数据均有可能被消费者浏览，所以，此类数据为高频度数据，需要存储与计算融合。工业生产过程中生成的数据具有强实时性，也需要高频度使用。城市街道高密度布置的摄像图采集的视频数据多属于

低频度数据，若无案情，对此类数据很少进行全浏览。由于此类视频数据是连续采集且数量巨大。现在，通常将中高使用频度的数据存储在具有计算能力的计算与存储融合的计算机系统中，对于低频度使用的数据，可以考虑使用专门的海量存储系统进行存储，在使用之前，将数据迁移到计算与存储融合的系统中。

当前，存储海量数据的设备依然是以机械式磁盘为主，最大容量可达到 20 太字节。为了降低存储成本，也可采用光盘和磁带。随着机械式磁盘的存储容量不断提高，价格不断下降，光盘和磁带在存储容量的优势也越来越小，技术更新也减缓。为了提高数据存储的可靠性，近年来，在硬件 RAID 技术的基础上，采用了一些新的技术方法，如多副本，特别是纠删码，它采用软件纠错方式，大幅降低成本，获得广泛应用。为了满足不同的应用需求，已经推出多种存储系统结构，总体来说，现有的存储系统，基本能够满足不同应用的存储需求。

采集和存储数据的目的是对数据进行计算和处理，以便获得新的有价值的结果，为用户提供新的服务。当前，我们对数据主要进行计算和处理两大类的操作，这两大类操作均是使用计算 – 处理部件完成要求的任务。一般而言，计算 – 处理部件就是我们通常说的 CPU，它主要包括三大类功能：运算、控制和数据缓存。在基本的 CPU 组成结构基础上，现在已经衍生出了多种计算 – 处理部件，例如，通用 CPU、计算加速器 GPU、专门用于神经网络计算的 AI 处理器、专门用于大数据处理的数据流式处理器、专用某些特定应用的 FPGA 和

换通信和操作系统等核心技术和产品的寡头们设置的层层技术壁垒，发展成熟了具有普适性的云计算和云存储技术，基于云技术的各类应用系统如同雨后春笋遍地开花，呈现出势不可挡的快速发展局面。鉴于许多基于云计算系统的应用对计算资源要求不高的现实情况（如微商网店等），在云计算系统中广泛采用了虚拟化技术，它将一个支持虚拟化的通用 CPU 中的计算核心（core；一个 CPU 包含多个甚至十余个 core，每一个 core 是 1 个独立的计算功能单元），通过软件的方式，划分为 2 个虚拟 core。实际上，这降低了可提供给用户最小计算资源单元的能力。

现在广泛投入互联网服务的云计算和云存储系统，主要是由计算服务器和以太网交换机组成。据有关单位统计分析预计，2022 年，我国将新增服务器 390 万台，在运行的服务器总数将达到 1500 万台。以每台服务器 3 万元计算，新增 390 万台服务器总价值约为 1170 亿元。现在装入各类数据中心的服务器中采用的 CPU、存储条和磁盘清一色是国外产品，国内生产服务器的厂家主要是制作电路板、机箱和电源，然后将国外的三大器件装入服务器机箱中，老化测试，交付互联网公司装入数据中心（IDC）。

我们应该借助于云计算中的虚拟化技术，回避国产 CPU 单 core 性能不及国外 CPU 的窘境，将国产 CPU 打入云计算应用领域，生产出完全基于国产 CPU 的服务器。例如，某一款国产 CPU 核心（core）数是一款广泛使用的国外 CPU 核心数的 2～3 倍，两芯片总的计算性能相当，我们完全可以使用物理核心去对标对方的虚拟核心的计算能力。在推广应用的初期，由国家、地方政府和国有企业出资构建的云计算系统，应该首选基于国产 CPU 的服务器，助推国产 CPU 在云计算中的广泛应用。另外，可以在 SSD 存储部件、高效电源、高效散热、系统软件和应用软件等方面全面发力，不断提高服务器中自主部件的比重，不断提高构建先进算力的技术自主权。

### （二）明确几大关系，抓住适合自身参与和发展的产业

在数字经济发展中，数据存储与计算处理平台是数字经济的基础，在这些基础中，又细分出不同的行业，我们要根据各个行业的特性，选择适合自身专长和能力的产业。下面，具体分析各个行业的内涵和特性。

云计算中心是计算和存储资源的承载体，是互联网服务的基础，具有服务的广泛性，它包含计算服务器、存储服务器、计算－存储融合服务器、以太网交换设备、云资源管理软件等。

数据中心（IDC）是云计算中心的基础支撑，主要为云计算中心提供机柜租赁服务，包括机房建筑、供电、制冷散热、服务器机柜、网络路由和安消防等。

AI 计算中心提供 AI 计算资源服务，主要使用专门用于人工智能 AI 计算的专用部件和部分通用 CPU 构建 AI 计算服务器，当前主要应用领域是机器学习，神经网络算法研究和计算，是一类新型的算力中心，AI 计算部件呈现多样化发展趋势。

超级计算中心装备有当时最先进的超级计算机，为科学研究工作

提供科学计算资源服务，研究并行应用软件，通常是依托某一科学研究中心或者大学建设。

大数据和人工智能等等，主要是应用，是基于上述算力资源开展具体的应用工作。物联网除了有贴近应用场景的数据采集和通信设备外，它也采用边缘计算资源完成实时处理任务。

### （三）对于全国一体化算力网络的规划建设和管理工作，要分类规划和管理

国家发改委提出要构建数据中心、云计算、大数据一体化的新型算力网络体系。当前，由国家、地方政府、国企和民营企业投资建设了各类算力资源。对于由国家和地方政府投资建设的超算中心、AI 计算中心、电子政务中心、云计算中心和大数据中心，可以首先纳入全国一体化规划、建设和管理（使用）之中。由事业单位、国企（如，石油系统，研究机构）建设的超算中心、云计算中心，基本属于自建自用型，不易在建设位置和使用上实现一体化。由企业自建自用的云计算中心，相对独立。由专门从事云计算服务（包含大数据、人工智能、物联网）的企业筹建的云计算中心（数据中心，IDC），其体量大，地域分布广，能源需求巨大，可以在政策指导之下，纳入全国一体化规划、建设和管理中。对于专门的 IDC，可以纳入统一管理之中。

### （四）推行东数西算，要扎实解决网络安全和网络费用问题

有较大比例的数据是进行离线非实时处理，是可以远离用户所在地进行处理的，这些数据可以放在西部合适的地区保存和处理，但是，要解决远程高带宽网络传输线路高费用的问题。例如，在天津1Gb的网络带宽费约为50万/年。如果数据是保存在使用者的附近，可以租用光缆的管道路由，自行铺设光缆，光纤带宽不受限。网络安全是一个永久的任务，需要进行长期持续研究，解决面临的问题。

### （五）计算性能的度量单位

2010年11月，我国自主研制的天河一号超级计算机获得世界超级计算机排名第一，在国内外产生了较大的影响，天河一号的安装地天津一时成为新闻媒体关注焦点，天河一号也成了天津的一张靓丽名片。

近年来，在数字产业发展强烈需求的驱动下，各地相继投资建设了一些AI算力中心。在宣传上，有意或者无意的模糊不同类型计算系统计算速度的度量单位。例如，2020年，有一城市宣布推出一台专用于人工智能的AI算力的大科学装置，计算速度为1000P（每秒百亿亿次）。为了突出其算力强大，还说到：当今世界上最强的超级计算机算力约为235P，也就是说，该AI机的算力将超过现今世界最强大的超级计算机。这极易给大众产生误解：我们已经攻克了1000P超级计算机研制的世界难题，我们又是世界第一了！这里涉及不同计算性能的度量单位。

我们知道，进行四则运算的计算速度在很大程度上取决于数据的位数，完成十进制的 1 位、4 位或者 20 位的计算速度是完全不同的。如果只讲一分钟算了多少次加法而不讲是多少位数据的加法则是很不科学的。在计算机中，我们使用浮点和定点两种方式表示待计算的数据，浮点数由符号位、指数和尾数组成，定点数是整数。几种典型的数据浮点的符号、指数和尾数的位数分别为：1.FP16：1，5，10；2.FP32：1，8，23；3.FP64：1，11，52。超级计算（科学计算）使用 FP64；人工智能使用 FP16，或者 FP32；大数据多使用定点。国际上一款典型的 GPU 的计算性能为：9.7T（FP64），156T（FP32，用于 AI），312T（FP16，用于 AI）。由此可见，同一款 GPU，用于 AI 的 FP16 的计算性能指标比用于科学计算的 FP64 的计算性能指标高出 30 余倍，也就是说，在没有说明算力速度精度单位的条件下，AI 计算与科学计算的算力速度是不可简单比较的。我们要踏踏实实研制算力系统，将着重点放在提高计算能力和解决实际问题上，助推数字经济的快速发展。

# 区块链技术助推基础教育综合改革

国家基础教育教学质量评价专委会副主任委员　许红伟
教育部“区块链＋教育融合创新应用研究”课题技术负责人　武井刚

现如今诸多行业都在区块链技术如何赋能本行业方面进行了广泛而深入的研究，而且区块链技术与行业结合的成功案例也越来越丰富。从教育行业来看，区块链＋教育的价值契合度很高，应用场景也十分广泛，尤其对推进基础教育综合改革的价值很大。具体总结如下：

首先，区块链可以有效推进教育数字化改革。教育基础信息化 1.0 时代，各教育教学应用的信息与数据孤岛现象严重，各种基础数据、应用数据、教学资源等无法互通，影响了我国教育的进一步改革和创新。而目前，我们已经进入了教育信息化 2.0 时代，无论是教育管理者、教学工作者，还是家长和学生，对信息共享、信息安全的要求越来越高。区块链技术作为天然的数据共享技术，能够非常有效地支撑数据的互联互通，更好地打破信息孤岛，助力教育的深化改革。

其次，区块链可以助力解决教育不平衡问题，尤其是义务教育阶段的教育不平衡问题。我们知道，教育不平衡是目前教育界存在的主要问题之一，包括师资不平衡、资源不平衡等各个方面，而其中教育内容资源的不平衡是比较典型也是比较重要的一方面。究其原因，与基础教育资源共享机制不完善、许多拥有优质资源学校和老师缺乏分享的动力、优质资源的原创性保护措施不够健全、教师考核机制不够完善等多方面息息相关。我们借助区块链技术，可以有效的解决部分问题，比如区块链技术可以对资源的原创性进行确权，对老师或学校所分享的资源进行保护，以及建立良好的创作、分享、激励机制，在一定程度上部分解决优质教育资源不平衡的问题。

再次，区块链技术构建教育新生态。区块链技术是可以建立一个中心化的管理、去中心化的治理生态环境的基础技术。它有利于建立一个相对开放的教育应用创新环境，集社会多方资源培育教育创新应用、推广普及校园可信应用、创新教育应用数字治理模式，倡导基于证据的教育决策、管理与服务，有效推动有关政策建议的落地实施。

在河北省廊坊市进行实践的过程中，针对区块链技术在多个应用场景体现价值的问题，很多专家给出了建议，我们也做了很多尝试，有几个典型的案例，比如以建立学生可信成长档案为核心的学生综合素质评价，是一个非常典型的教育应用创新案例。

我们知道，学生成长是一个不断发展的动态过程，教育的意义则是在于引导和促进学生的发展和完善，评价亦是如此。无论是小升初、中考还是高考，对学生的评价标准，也正在由单纯的考试评价，向多元化评价转化。因此，利用区块链技术 + 基础信息化系统全面记录学生发展的方方面面，将结果性评价与过程性评价相结合，为每一位学生建立可信成长档案就变得非常有必要。另外，2021 年 3 月，教育部联合六部委联合印发了《义务教育质量评价指南》，目的就是切实扭转不科学的教育评价导向，全面深化义务教育教学改革，促进义务教育内涵发展和质量提升，推进教育治理体系和治理能力现代化。《指南》面向县域、学校、学生三个层面提出了以促进学生全面发展为目标，各有侧重、相互衔接、内在统一的完整的义务教育质量评价体系。而对于如何保证基于新评价体系的评价结果的可信，区块链则有了很好的用武之地。再者，教育资源的共建共享，也是很好的应用场景，目前在廊坊市也都有很好的应用。

通过以上这些应用的案例，我们发现区块链在很多方面可以提供不错的助力和支撑，但确实也存在一些亟待突破的技术点，主要包括以下两点：

第一个是数字身份。在高速发展的数字经济时代，我们每个人，包括个人的成长、受教育情况、工作情况、还有财富积累情况等等都在数字化。因此，数字身份成为数字经济中最核心的要素之一。

第二是数字存证。数字存证是数据可信化的基础，对教育生态里以及教育内容资源的激励机制方面有必要的技术支撑，在廊坊市教育改革中很多场景都是用了这些技术。

由于前期工作准备充分，项目进展也很顺利。总结下来，主要做了三个方面的工作：

第一个是统筹规划。2018 年 10 月，廊坊市联合北京市通州区、天津市武清区建立了首个教育部区块链大数据实验区；2020 年 8 月，廊坊市申请成为“基于教学改革、融合信息技术的新型教与学模式”实验区。2021 年 8 月，教育部基础教育司在全国部署 12 个基础教育综合改革实验区，廊坊市是河北省唯一的实验区。

第二个是理论研究。在这些实验区基础上，廊坊市积极联合教育部和业内的专家进行深入调研和持续研究，并于 2021 年 10 月，与教育部中央电教馆和首都师范大学联合推进了“区块链技术在教育领域的应用研究”的课题。课题除了这三个单位外，云南财经大学、广州大学等几十所高校和机构都参与了这个课题，提出很多宝贵的意见，并在实验区得到很好的应用。另外，教育部“区块链 + 教育融合创新应用研究”课题也于 2021 年 8 月正式启动，目前也在积极的推进中，在实践中也取得了不错的成果。

第三个是应用实践。我们从 2019 年 6 月着手建立区块链大数据的平台规划，需求调研、系统设计和研发等工作也都在并行推进。虽然受到疫情影响，项目总体推进略有延迟，但从目前的结果来看，应用效果已经逐步显现出来。总体来讲，区块链与大数据技术为教育信息化的赋能的效果还是很不错的。

廊坊市基于区块链、大数据等技术构建了“廊坊市教育监测平台”，该平台包括大数据层、区块链层和教育教学应用层。面向学生，平台提供了基于区块链技术的学生综合素质评价，并由此为每一位学生生成可信成长档案。面向学校，平台提供了基于区块链技术的学校办学质量评价，面向县域，平台提供了县域义务教育优质均衡评价。平台到目前已运行了两年多，为一千多所学校、六十多万学生以及近百万的家长提供了服务。

总体而言，无论是区块链、大数据，还是人工智能，实际上都是为了结合实际场景与自身实际情况，解决实际问题，提升效率，是为了能有更好的教育教学应用。所以，我们所有的技术，出发点和落脚点都是如何服务好应用，服务好老师、学生和家长。

# 以数据要素推动中小企业发展

润泽科技发展有限公司董事长　周超男

国务院印发的《“十四五”数字经济发展规划》是我国数字经济领域的首部国家级专项规划，明确到 2025 年，数字经济核心产业增加值占国内生产总值比重达到 10%，数据要素市场体系初步建立，产业数字化转型迈上新台阶，数字产业化水平显著提升，数字化公共服务更加普惠均等，数字经济治理体系更加完善。数字经济正推动生产方式、生活方式和治理方式发生深刻变革，成为重组全球要素资源、重塑全球经济结构、改变全球竞争格局的关键力量。党的十八大以来，我国数字经济蓬勃发展，数字技术作为新一轮技术革命和产业变革的重点方向，为数字转型、培育经济增长新动能提供重要引擎。

数据要素作为一种新型生产要素，具有区别于其他生产要素的显著特征，其他生产要素由于具有相当程度的稀缺性而往往处于竞争性使用的状态，而数据不仅不会因使用而受损，还会通过共享实现价值增值。对于中小企业而言，数据要素的非竞争性使它比其他生产要素更易获得。数据要素是中小企业产业数字化的基础和转型升级的重要手段，是加速中小企业新旧动能转换新引擎。数字经济时代，面对前所未有的机遇与挑战，要做好产业数字化布局，强化科技创新，加速推进产业发展。

## 夯实底座，布局全国一体化大数据中心协同创新算力枢纽

国家发改委等四部门联合发布的《全国一体化大数据中心协同创新体系算力枢纽实施方案》指出，引导超大型、大型数据中心集聚发展，构建数据中心集群，数据中心一体化的科学管理和布局，有利于推动产业数字化，特别是中小企业的发展，有利于推进大规模数据的“云端”分析处理，重点支持对海量规模数据的集中处理，支撑工业互联网、金融证券、灾害预警、远程医疗、视频通话、人工智能推理等抵近一线、高频实时交互型的业务需求。

当数据成为新的生产要素，算力成为新的生产力之后，循序渐进推进中小企业实现数据驱动，中小企业数字化是我国决胜数字化时代的关键。全国一体化算力网络国家枢纽作为国家“东数西算”工程的战略支点，将推动算力资源有序向西转移，实现算力资源的优化配置，以及数据要素的跨区域流通与共享。胡焕庸线北起黑龙江黑河，南至云南腾冲。未来，数据中心产业将与新能源产业持续合作，充分利用云、贵、桂、川、渝丰富的水利资源；陕、甘、宁、青、蒙、藏、疆丰富的风光资源，充分利用胡焕庸线以西地区的水风光等可再生资源，规模化合作建设绿色电力。大数据中心通过使用绿电，达到

低碳目标，以践行国家的“碳达峰 碳中和”战略。

## 数据赋能，推进数字经济与实体经济深度融合

数字经济是大势所趋，实体经济是立身之本、财富之源。推动数据要素赋能中小企业使数智技术与实体经济深度融合，主要体现在传统产业借助新兴数字技术，以数据为关键要素，推进产业数字化、网络化与智能化升级改造。积极推动数字经济和实体经济深度融合，有利于经济发展实现质量变革、效率变革、动力变革，是适应创新发展趋势、提升国际竞争力、推动高质量发展的必然选择，是迎接智能时代到来、积极发展战略性新兴产业的时代需求，更是提高区域创新能力、构建现代产业体系的重要前提。数字经济和实体经济深度融合，不仅取决于技术的提高、基础设施的完善，更为重要的是深化产业组织和经济结构层面的数字化创新发展。我国数字经济和实体经济深度融合的战略路径应放在产业融合的基础和产业生态的建设上，从产业创新层面推动数字经济和实体经济深度融合。

数字经济和中小企业实体经济深度融合的本质功能在于，通过中小企业实体经济数字化变革带来全社会、全产业、全要素资源配置效率的提高和价值创造模式的改进，以实现经济整体效能的放大和经济的高质量发展。因此，推动数字经济和中小企业实体经济深度融合要从资源配置方式和价值创造模式层面，谋划融合发展的策略和路径。产业是经济的核心，推动数字经济和实体经济深度融合必须落脚在产

业的深度融合上，把重点放在提升中小企业产业层面的经济功能上。数字经济和实体经济深度融合给产业发展逻辑、产业组织方式以及产业发展形态都带来结构性、颠覆性变化，使产业由原来的上下游、产供销的线性关系向立体、多维的网络化、生态化方向发展。

## 生态融合，运用新一代创新技术加速重构中小企业产业数字化

传统中小企业与数字科技企业加速跨界融合实现共生共赢，探索构建线上线下融合共生的、以自由流动的数据资源为基础、以数字科技族群为连接、以多元数字科技平台为依托、以共同价值主张为导向的全新产业生态体系。在人工智能方面，以机器学习、深度学习、知识工程为主的核心技术正成为创新发展的主要驱动力。在云计算方面，混合云、边缘计算等技术在产业数字化转型中，将彰显出愈发重要的作用。在大数据方面，分布式数据库、数字孪生等创新技术正在加速成熟，成为产业数字化发展的核心力量。

要有重点地进行选择与聚焦。以点带面突出重点示范性企业，增强其对融合发展的带动性，重点发展大数据核心企业、大数据应用潜力大的企业和数字驱动型的企业。数字产业生态包括了核心企业、大学和研发机构、科技金融等中介服务，是一个能够良性循环、互动提升的综合体，这是数字经济和实体经济融合的重要形态。真正的产业转型升级不是细分行业的单打独斗，而是在特定产业带动下全产业链

的转型升级。数字经济可以将纵向产业链各个环节，通过一系列数字技术手段，实现模块分工、生产分工、产业分工，在这个过程中，产业链上的其他企业各司其职，通过供应链的联系实现协同生产，从而实现整体产业的转型升级。

## 创新支撑，共建共享共生培育中小企业产业数字化新业态

中小企业产业数字化转型是一项以“融合共赢”为关键的耐力赛，只有通过共建共享共生构建起广泛联盟、合作共赢的跨界多边融合生态模式，才能真正实现中小企业产业数字化成功转型。在数据要素推动下，中小企业数字化新业态迅速发展。国家已经开始重视利用产业互联网重构生产方式，中小企业的制造业、服务产业已开始数字化转型，数据要素市场正在加速构建。数据经济变化速度非常快，中小企业将以一种开放的心态，拥抱科技、未来，促进实体经济健康发展，提升国家经济实力、科技实力。

从中小企业自身来讲，可通过互联网技术和数字技术，实现数据、设备、产线、产业价值链的汇聚和流通，将数据的模型与每个行业独特的工业机理和行业模型相结合，构成一个数据驱动的全生命周期优化的闭环，把生产系统在内的 IT 系统形成一个可以快速感知、敏捷响应、动态优化和全局智能化决策的新的范式，实现生产制造、运营管理、产业价值链的智能化升级和商业模式创新，以适应快速变化的全球市场。

全面推进数字化、智慧化转型是中小企业未来塑造核心竞争力的关键所在。数字化转型的浪潮席卷而来，推开了传统中小企业转型升级的大门，数字化转型进程正当其时，数据要素与中小企业发展的深度融合已成为未来经济发展的主旋律。可以预见，中小企业是未来数字经济的发展的主力军，正朝着数据共享、生态共赢方向迈进，将形成中小企业决策数智化、产业发展现代化、社会治理精细化的美好愿景。

# 加速推进融合创新，助力数字经济繁荣发展

联通数字科技有限公司总裁　李广聚

近年来，全球数字经济快速发展，传统产业加速向数字化、网络化、智能化转型升级。据 IDC 预测，到 2022 年，全球 65% 的 GDP 将由数字化推动。党的十九届五中全会谋划长远，为中国擘画了一幅波澜壮阔的新发展蓝图。在实现双循环新发展格局过程中，数字经济是重要的支撑力量。

随着各行业数字化转型进入加速期，我国数字经济也开始进入新的发展阶段。总结近两年数字经济繁荣发展的原因主要有以下三点：一是技术上的集中成熟。云计算、物联网、大数据、人工智能、5G 等技术集中成熟起来，从技术层面为众多产业领域数字化转型提供了可能性；二是来自市场的压力。近年来全球都受到了互联网新经济的挤压，同样给传统产业带来转型升级的危机，如果传统产业不拥抱数字化转型，可能就会面临被新经济颠覆的危险；三是在国家政策层面提供了强大动力。

据中国信息通信研究院 2021 年发布的《中国数字经济发展白皮

书》显示，2020 年我国数字经济保持蓬勃发展态势，规模达 39.2 万亿元，较 2019 年增加 3.3 万亿元，占 GDP 比重为 38.6%。对比国外，德国、英国、美国数字经济占 GDP 比重排名前三，占比分别为 63.4%、62.3% 和 61.0%。数字经济由数字产业化和产业数字化构成，而中国的数字产业化发展水平和发达国家比较起来差距并不大，2020 年我国数字产业化占 GDP 比重的 7.3%，对比国外，也大概都占到 GDP 的 7% 左右。这就意味着差距较多的是产业数字化领域，拉动数字经济增长的重点方向是传统产业的数字化转型，与发达国家相比，我国产业数字化增长的空间还非常大。

中国联通作为数字信息基础设施运营服务国家队、网络强国数字中国智慧社会建设主力军、数字技术融合创新排头兵，兼具数字产业化和产业数字化的双重参与者身份，不仅在 5G、云计算、大数据、物联网、人工智能、区块链等关键领域有着深厚的自主创新能力沉淀，大力推进自身数字化转型；同时将能力实践与行业洞察深度融合，对外赋能。联通数科是中国联通充分发挥整合效应，在政企创新领域深化战略布局、进一步强化创新能力体系的成果，也是中国联通承接大联接、大计算、大数据、大应用和大安全五大主责主业重要载体，是可信赖的政企客户数字化服务提供商。

## 打造可信数智云，全面发挥算网融合优势

在场景与技术双轮驱动下，算力与网络融合成为云计算的新发展

趋势。中国联通积极布局构建以算力为核心的一体化算网融合新生态，联通云作为中国联通“大联接、大计算、大数据、大应用、大安全”五大主责主业布局中，承接大计算业务的统一算力基座，将提升“联接 + 感知 + 计算 + 智能”算网服务水平，为数字经济打造“第一算力引擎”。

未来，算力将成为服务数字经济最基础的核心能力，算网融合也成为了运营商所独有的优势，特别是随着 5G、工业互联网的发展，单纯部署在边缘的云不能够满足所有的用户需求，用户真正需要的是一个中心云加一个边缘云，再加连接起中心云和边缘云之间的网络，以及用户入云的网络来共同组成一个服务。因此，运营商在这类服务提供商中是具有优势的。

2008 年中国联通开始深耕云计算，2021 年年底，联通云进行了全面升级。历经 13 年发展锤炼，立足自主创新，中国联通构筑了新一代云计算平台，形成了“云网一体、安全可信、专属定制、多云协同”的特色能力。升级后的联通云在技术方面，形成云原生技术特色，打造央企最大云原生实践，支持 5 万 + 云化节点，30 万 + 容器在线运行。并在 5G 云网协同融合、国产化端到端解决方案等方面形成突破。在产品方面，积累 280 多款 IaaS 和 PaaS 产品，打造了物联感知云、数海存储云等七大场景云，为千行百业上云、用数、赋智提供可靠助力。在服务方面，运营服务、SLA 服务承诺、安全服务、可扩展的专业服务满足不同客户上云的差异化服务需求。在生态方面，坚持开放共享、合作共赢理念。中国联通以联通云为底座，深耕数字化转型重点领域，在中山智慧城市和中国华电项目提供云物数一体化典型场景；为民政部金民工程提供了大容量、低成本的存储资源和高可靠的异地灾备能力；在河南省产融平台、河北省政务电子证照系统项目，实现了数据采集、链上数据存证、数据溯源流转，为金融、政务云上服务提供安全可信保障；5G 边缘云在格力电器、海南智慧医疗等 5G 应用扬帆计划示范项目中成效明显；承建高法云、辽宁省政务云，以混合云实现联通云与其它云服务商的统一管理、调度和运营。

## 激活数据要素价值，充分发挥核心引擎作用

在数字产业化和产业数字化协同推进的背景下，数据作为新型生产要素在其中发挥出巨大作用。只有充分激活数据要素潜能，才能够进一步激发“乘数效应”，促进数字经济高质量发展。经济学上有一个基础观点，供需决定价格。同样，数据作为数字经济的核心生产要素，并不是说握有多少数据，就有多高的价值，关键在于这些数据能不能在应用场景中发挥作用，带来价值。如果数据能给经济运行实体带来价值，那么数据本身也就拥有了价值。

作为运营商大数据领域的领军者，中国联通自 2012 年起开始组建全国数据中心，率先实现全网数据的统一集中汇聚与管理，在内部开始探索大数据价值应用；2017 年正式组建联通大数据公司（现联通数科数据智能事业部）；自研大数据平台日数据处理能力超过 200TB；2020 年正式通过 DCMM（数据管理能力成熟度）四级认

证，成为国内首批通过的当年最高等级认证；取得数据安全治理能力优秀级。可以说，中国联通在大数据服务领域已经有了非常成熟的探索和实践。

在助力提升政府效能方面，联通数科以顶层设计为牵引、以创新技术为保障、以丰富的数据管理经验全方位助力“数字广东”建设；面向金融行业场景化、普惠化的发展趋势，融合应用大数据、AI、区块链等技术，全面推动金融全业务链条变革，服务政府以及银行、保险、金融科技机构等；基于“人口 +”多源大数据应用，服务经济治理、社会治理和企业治理，已服务于国家二十多个部委及众多省市政府部门；通过景区人群画像等多维度洞察，推动智慧文旅融合发展，在文化和旅游部、十余个省文旅厅和 150 余个市县文旅管理部门落地旅游大数据应用；基于“人”“地”主题分析模型构建应急分析平台，辅助提升决策效率，在疫情及汛情期间为应急管理部门提供服务。此外，在数据安全治理过程中，联通数科打造了数据安全资产地图、数据分类分级、数据脱敏、全息行为审计监测等产品，实现浙江省政务数据“防泄漏、防篡改、防滥用，数据合理、合规、安全地流动和使用”的目标。

## 构建 5G+AIoT 核心能力，助力为数字经济提供“第一联接通道”

物联网作为中国联通“大联接”的重要承载底座之一，如何实现从“基础联接”到“万物智联”的跃升，为数字经济提供联接通道?联通数科充分发挥运营商优势，着力打造端网云边业一体的 5G+AIoT 核心能力。

联通数科通过构筑 5G+4G/Cat.1+NB-IoT 的精品网络，满足客户全业务场景的差异化连接需求。2021 年初，继完成全球首个 Cat.1 bis PSM 现网测试后，再度突破，全球首个全网开通 Cat.1 bis PSM 节电功能。

在平台研发方面，为了更好地实现数据的采集、感知、连接、汇聚和协同，联通数科自主研发建设联通雁飞・智连连接管理平台和雁飞・格物设备管理平台。目前，雁飞・智连平台连接数规模已达 1.5 亿，雁飞・格物平台积累近百万个设备数、200+ 个物模型、180+ 个 Open API，成为物联网向“连接 + 非连”融合应用转型的枢纽级平台，并做到了“数据不出厂”，多个组织之间可以通过模型聚合得到一个全局性模型。

在产品打造方面，联通数科将差异化网络与自研平台能力和“物”有机融合，以网络软件化、软件硬件化、硬件智能化理念打造了首款自主设计全国产化的雁飞 Cat.1 模组产品、雁飞轻量化 5G 模组产品以及百余款开箱即用的场景化标准产品，并以 5G 行业终端测试中心为入口，实现全联通行业终端的权威测试、认证。

在 AIoT 能力打造方面，联通数科基于视觉、语音、NLP 等 40 多项自研 AI 原子能力和智慧城市、工业互联网等行业项目沉淀 AI 场景，打造了 AIoT 平台的智能数字孪生和设备健康管理的物智协同能力。目前，基于5G+AIoT核心能力，联通数科利用全面在线、全域感知、全景协同带来的数据价值，已优先在智慧城市、工业互联网、可信供应链等重点行业形成了基于雁飞·格物平台打造的城市物联感知云、工业智脑、可信供应链平台等具有行业特色的解决方案。实现南京南部新城、中山/东营/佛山智慧城市、江西智慧工地、华电工业平台等多个项目突破。

此外，联通数科积极整合产学研优质资源，联合打造创新成果。目前，已成功申报5个国家级项目，其中，"工业互联网AIoT平台数字化领域典型应用"项目获得工信部"2021年新一代信息技术与制造业融合发展试点示范名单"特色专业型工业互联网平台方向认定。以中国联通物联网产业联盟和5G行业终端测试中心为触手，带动全产业链生态共生共荣，联通数科目前已覆盖近千余家产业链上下游企业，共赢生态价值，携手扬帆万物智联新蓝海!

## 强化安全能力建设，为国家网络安全保驾护航

随着数字化、网络化进程的加快，安全始终是数字化落地和数字化部署过程中，不能回避且必须优先做好的核心内容，也是最关键的环节。

联通数科承接中国联通"大安全"战略落地，深入贯彻《网络安全法》《数据安全法》《个人信息保护法》《关键信息基础设施安全保护条例》等，充分发挥基础网络资源和云网融合优势，构建云网端数

一体化安全产品体系。同时，结合运营商安全资源特色，加大行业间合作力度，形成融合发展模式。依托网络的资源禀赋，规划“四新”安全产品发展理念，明确“保卫国家网络安全、保障企业安全、保证个人安全”新目标；建立基于零信任、动态防御、白环境、双因素认证等新技术下的“下一代主动防御”新理论；确定围绕安全大脑、安全岛链、终端安全为核心的“云·管·端”三位一体新体系；实现单纯产品销售向服务销售的平台型发展新模式。

## 发挥“5G 组合拳”优势，加速推进产业数字化进程

在新基建的七大重点发展领域中，有四个领域属于信息基础设施，而 5G 被排在了第一位。5G 的到来意味着智能时代的来临和万亿市场的开启，其革命性和开创性也被反复论述。5G 刚面世时，几乎让全社会对未来充满想象，对 5G 的前景充满期待，而两年后，慢慢出现一些不同的声音。斯坦福大学计算机科学家、未来研究所负责人罗伊·阿玛拉（Roy Amara）曾提出过一个“阿玛拉定律”，该定律认为人们倾向于高估新技术的短期影响，而低估其长期影响。当前，5G 经过各行业和运营商的共同努力，已在不同行业，众多场景取得了良好应用效果，远期来看，5G 对整个经济社会发展必将带来深远影响。

5G 的赋能作用，不仅体现在产业层面，还体现在技术层面。在产业数字化转型的过程中，5G 技术是新增加的一项利器，与云计

算、大数据、物联网、人工智能、区块链等新一代信息技术，一起组成了服务各行业数字化转型的组合工具箱。联通数科聚焦 5G 时代发展的新机遇，为产业数字化提供包含“物云数智链安”的“5G 组合拳”服务，利用中国联通高速泛在的 5G 网络，保障各类生产场景数据互联与流通，同时构建智能敏捷的算力融合体系，再加上安全保障防线，全面推动各领域数字化转型升级，全方位加速政企数字化转型变革。

## 深化数字技术应用创新，赋能千行百业数字化转型

中国联通积极推进数字技术与产业融合创新发展。在 5G 领域，依托网络（5G 行业专网）、MEC、行业平台、定制服务、终端 5 大组件，培育政务大数据、智慧应急、智慧供应链等 200 余款自主研发行业应用，成功打造一批灯塔项目；在数字政府领域，为广东、北京、浙江、四川等数字政府先进省市提供数字政府产品和服务，党政信创份额全行业第五；智慧城市领域，在广东、江苏、辽宁等多个省份落地智慧城市项目，获得工信部“智慧城市建设最具影响力企业奖”；在工业互联网领域，工信部发布的“5G+ 工业互联网”40 个样板案例中，16 个由中国联通打造；生态环境领域，在 12 省实现水利项目的省市县穿透，河湖长市场份额第一；在医疗健康领域，省级头部医院全院上云运营商份额占比第一；在文化旅游领域，承建 15 个省级文旅信息化平台，行业份额第一。联通数科充分整合内外资源，

构建为客户创造价值的数字化服务能力，助力千行百业的数字化转型、智能化升级、融合化创新。

# 工惠驿家探索产业链数字化运营

中工服工惠驿家信息服务有限公司董事长　孙昊

产业链数字化是指在新一代数字科技支撑和引领下，以数据为关键要素，以价值释放为核心，以数据赋能为主线，对产业链上下游的全要素数字化升级、转型和再造的过程。目前，推进产业链数字化运营具备天时、地利、人和三个条件。天时：我国的数字经济已经有了很好的发展基础，基础设施比较完善，商业模式创新处于世界前沿。地利：我们具备的技术条件，包括人工智能、云计算、大数据、区块链等先进技术的发展十分迅速。人和：从中央到地方，近几年国家连续出台了众多推进企业数字化转型的相关政策，政策基础十分扎实。

2018 年 6 月，交通运输部和中华全国总工会联合印发通知启动“司机之家”建设试点工作。12 月，为贯彻落实党中央、国务院关于加强物流等基础设施网络建设的部署，科学推进国家物流枢纽布局和建设，国家发改委和交通运输部联合下发了《国家物流枢纽布局和建设规划》（发改经贸［2018］1886 号）。

工惠驿家项目是对中华全国总工会、国家发改委、交通运输部有关部署的积极实践。中工服工惠驿家信息服务有限公司致力于在各级工会的领导下动员、组织卡车司机职工加入工会，通过数字技术赋能，构建产业数字化基地，更好地为卡车司机职工提供立体综合型多式联运集约化共享智惠服务。

公司建设以普惠性工惠驿家项目为内核的“智惠产业创新城”，依托5G、物联网、区块链、大数据、云计算、人工智能、工业互联网、边缘计算等现代技术，在辐射全国主要城市群的水、路、空、铁交汇枢纽，着力构建涵盖工惠驿站（司机普惠服务平台）、智慧物流、数字化仓储、生态特产加工、仓储式购物、城市群商贸、互联网交易、再生资源利用、产学研合作的产业链集群。

## 不忘初心，深耕物流货运行业数字化应用

目前，我国物流货运行业处于升级阶段，由机械化向自动化和智能化、数字化过渡，在不断升级中有很大的发展空间。

近几年，国内物流货运行业整体的稳健增长，在我国物流货运业规模大、市场化程度高、从业人员多的特点下，货运司机职工群体为国家做出了重要贡献，是社会主义建设的一支重要力量。传统货运市场主体“多、小、散、弱”特征突出，市场竞争激烈、运价低迷，直接影响货运司机及家庭的生活质量。随着“互联网＋”时代的到来，无车承运人平台型物流企业等发展迅速，正在对传统货运行业带来重大变革和创新。当前，货运司机职工群体信息化程度高，百分之百已使用智能手机和互联网用于找货、导航和联络等，同时劳动雇佣关系

也发生了根本变化、呈现平台经济的特征。

但是，卡车司机这一职业仍普遍存在五大痛点：第一，缺少组织关爱和归属感；第二，高强度、高风险、高疲劳的工作状态；第三，油价高、空驶率高、贷款成本高等带来的高成本、低效率；第四，缺乏基本的社保，必要的劳动保护和安全保障；第五，缺少法律援助和政策帮扶。

基于上述要求，工惠驿家在各级党委、政府和工会组织的领导下，坚持坚定正确的政治方向，探索建立基于大数据的“互联网＋工会”服务体系。工惠驿家以服务卡车司机为中心，聚合工会资源、其他社会资源，建立了“会、人、车、货、路”五位一体的总体架构。通过互联网推广手段，鼓励卡车司机在县级以下建立行业工会，让卡车司机都能加入工会组织，成为工会职工的一员，以职工身份更好地享受工惠驿家平台上的各类服务。

为了更好地服务卡车司机，工惠驿家打造了线上智慧运控平台。运控平台根据车联网及大数据分析技术，针对注册车辆进行状态监测及实时调度，帮助卡车司机获取运输信息及反馈信息，运控平台与工惠驿家会员体系相辅相成，为公路货运市场提供完善、专业的大数据综合解决方案。同时还建设了工惠驿家智能车载系统和工惠驿家APP，基于强大的人工智能、深度学习及语音技术，工惠驿家辅助驾驶平台将根据每位司机的驾驶习惯提供定制化驾驶提醒，路况播报、安全驾驶、休息提醒、驿站提醒、天气提醒、车况播报、救援播报、寻找货源等服务。

除了研发线上平台外，在线下，集多功能为一体的工惠驿站更是为卡车司机职工们提供了实实在在的服务。综合能源供给、卡车定制、汽车配件辅料供给、车辆维修、临时休息、高压氧舱、学习上网、法律帮扶、紧急救援、健康小屋、公共洗手间等功能，在解决卡车司机职工们痛点问题的同时，更是大大提高了他们工作的积极性。

在基于工惠驿家驿站规划建设的同时，工惠驿家还大力探索和发展物流货运行业的新业态、新模式，结合试点建设地方的产业发展需求和特色，着力在全国范围内打造“智惠产业创新城”。工惠驿家布局国家物流枢纽承载城市，围绕公路、水路、铁路等主要通道，建设包括集约化数智物流分拨共享服务平台、现代数智仓储物流分拨中心、物流与供应链调度基础设施、自动化分拨平台、地下接驳通道等在内的物流货运基础设施，对运输、储存、装卸、搬运、包装、流通加工、配送、信息处理等基本功能进行系统整合和一体化运作，即在为传统产业发展提供标准化仓储及定制化物流设施的同时，通过数智化对传统产业赋能升级改造，打造出方便快捷的数智化商贸服务型物流枢纽体系。该体系的建立，不仅降低了物流货运运输成本，还促进了物流产业结构进一步优化，为打造集约化物流共享新经济、服务区域现代物流货运产业发展，有力推动实现公路、铁路、航空多式联运形成高效、集约化物流枢纽做出贡献。

在5G、云计算、大数据、人工智能等相关技术的加持下，物流货运行业数字化变革步入快车道，传统的“人、货、场”之间的商业逻辑被重新演绎，数字化、智能化、平台化已成为行业未来发展的主要方向。几年来，工惠驿家不忘初心，始终牢记为卡车司机服务的核心宗旨，怀揣着这份热情，长期深耕于物流货运行业数字化技术应用，充分利用数字赋能，在运力采购、货物运输、资源仓储、收发配送等各个环节，实现整个物流货运流程的供应链信息共通共享，构建出更加完善的自动化、智能化操作系统，进一步完善了服务能力，提升了专业的服务质量，不断满足人们对物流货运运输更高要求。

## 智惠新仓购——探索产业链数字化经营的新理念、新模式

作为当今物流货运业的发展热点，产业数字化探索得到了很多关注。大数据时代的来临，不是技术的变革，首当其冲是思维的变革，随之而来的将是商业模式的改变。通过互联网技术和商业模式的改变，可以实现从生产者直接到顾客的供应渠道的改变。这样的改变，从时间和空间两个维度都为物流业创造新价值奠定了很好的基础。

工惠驿家创新地将物流、商贸、数字功能相结合，打造了智惠新仓购全新的线上线下融合的商业理念和商业模式，依托大数据在商贸领域开展创新应用，在探索产业链数字化经营的路上更进一步。

智惠新仓购项目，搭建总规模约 5000 ㎡的线下购物展示中心及 1000 ㎡进口商品展示中心；小程序商城也已同步上线；数字分拨平台、分拣、冷藏等附属设施正在实施过程中。基于廊坊天然的区位优势以及京津冀大数据综合试验区的政策优势，智惠新仓购廊坊旗舰店将打造成全新的商贸龙头，形成线上线下融合推广的新渠道新平台，探索数字经济下的企业品牌建设的新手段新途径。

智惠新仓购坚持“智”字引领。综合利用大数据、物联网、云计算、人工智能、区块链等新一代信息技术，着力探索场景体验、线上下单、产地发货的数字化流通方式，着力搭建仓播带货、AR 导购、创意设计等沉浸式购物环境。

智惠新仓购坚持“惠”字为本。秉持“一件也是批发价”的经营理念，借助数字化技术和解决方案，重点组织名优特珍品，面向京津雄、成渝都市圈等区域中心市场，开展线上线下相融合的批零业务。通过严把质检关，为消费者甄选出安全可靠、质优价廉的产品，扩大名牌产品消费量，带动消费升级；为企业提供高效的数智贸易共享平台，助力产业数字化、数字产业化，通过数字技术赋能惠企惠民，感知有安全、有品质、有尊严的新消费观，实现惠民、惠企双重目标。

智惠新仓购与广州中国科学院计算机网络信息中心合作，承接了“国家物联网标识和公共服务平台”京津冀节点的部署工作，开发了区块链溯源系统，以物联网标识为载体，以场景化服务为基础，采用“一物一码”为商品的服务入口，实现“从田间到餐桌”全程可控，形成不可逆的“标准可查询、生产可监控、销售可追踪、产品可追溯”数据流，为消费者及供应链企业提供生产管理、追溯防伪、复购促销、品牌营销、供应链管理、仓储物流、市场调研、渠道优化、售后服务、大数据分析等产品全生命周期智慧管理服务；与石家庄海关的全面合作，建设了“食品安全快速检测实验室”，以及全国 4000 家农贸市场、310 个县（市、区）快速检验数据的分析比对大数据应用，确保利用大数据多维度掌握产品质量。其真正实现了信息流、物流、会员、ERP等数据的全线一体化的管理，利用大数据的分析挖掘，通过对用户消费行为的分析，实现更精准的营销，进而使平台每一个环节都能实现其最大的价值，并进一步带来利益的最大化。

除建立自营电商、小程序、合作旗舰店、地方站点等传统线上平台外，智惠新仓购与微信、抖音、头条、哔哩哔哩等新媒体建立合作关系，创新性地设计了“仓播区”，借助“品牌故事挖掘”、“品牌寻根铸魂”等主题活动，以仓播带仓购、以仓购促分拣、以分拣逼分级的方式，进一步丰富传播手段，丰满企业品牌文化内涵，推动产品及企业品牌分层次传播、立体化引流、高黏性转化。

智惠新仓购有效地整合了各种商贸资源，充分利用移动互联网及物联网平台的便利性，通过线上平台进行数据服务与消费习惯分析，实施精准营销及全生命周期数据服务；形成了基于云服务的数字商贸服务平台，在满足平台正常运营的同时，针对商贸服务及物流相关产业，逐步积累和丰富平台的数据资源；打造移动电子商务平台，可以为用户提供方便的个性化服务；逐步建立涵盖仓储物流、数字分拨、检疫检测、溯源体系、高效配送等多种技术融合的综合购物创新业态；依托大数据技术，打通生产、分配、流通、消费等各个环节，实现人流、物流、信息流、资金流等要素的自由循环。

产业链数字化运营已不是数字技术的单点应用，而是转向由内而外、全方位、全产业链条的改造提升。工惠驿家将在未来，继续深耕于物流货运行业及商贸行业，推动科技与产业融合，为全面实现高质量发展而努力。

# 县域数字经济发展研究

"数字经济百城助力计划"项目总负责人、中国通信企业协会云数据专业委员会秘书长　郑宏

《县域数字经济发展报告》首次在2021数字经济大会上对外发布，这个报告是由中国通信企业协会"数字经济百城助力计划"专家组牵头撰写的一份反映我国县域数字经济发展状况的报告。报告认为，当前我国县域数字经济发展迈入快速发展阶段，县域数字经济正迅速、全面、深刻地改变县域经济社会和生产生活的各个方面。县域发展数字经济是推动地方高质量发展的重要途径。但是，我国大多数县域经济体的数字化程度还较弱，县域数字经济体系建设尚处于起步阶段。本文基于《县域数字经济发展报告》，对我国县域数字经济发展提出了一些思考建议，对发展县域数字经济提出了一些新模式、新设想、新探索。

## 一、县域数字经济发展的重要意义

《2019年县域经济高质量发展指数研究成果》显示，中国县域经

济总量已达 39.1 万亿元人民币，约占全国的 41%。从近年我国 GDP 增长分析，我国的百强县以占全国不到 2% 的土地、7% 的人口，创造了全国约 10% 的 GDP。我国县域经济发展的集聚与分化在不断上演，成为影响我国综合经济实力的重要因素。县域富足了，老百姓才能富裕。只有占我国国土面积、人口总数近 70% 的县（市）中的绝大多数实现了数字化、信息化、智能化，广大农村居民才能实现精神和物质的富足，才能助力国家数字经济的快速增长。

### （一）县域数字经济当前发展现状

目前，尽管县域数字经济发展环境日趋优化、数字经济在各行业全面渗透，但我国大多数县域经济体的数字治理能力还较弱，治理体系建设处于起步阶段，特别是在顶层设计、各类平台及数据的互联互通、新型基础设施布局与建设等方面还存在一些共性问题。县域数字经济伴随消费互联网的兴起和发展，县域各产业的数字化改造已然经历了疫情时期的考验，但整体呈现的特点是突出发展电商等产业链后端，缺乏统一规划，实施路径不清晰。大多数县域的数字经济发展还未形成自上而下的方向指导，或一个强有力的平台进行资源整合、协同发展。

### （二）数字经济成为县域发展突破口

《中国城市数字经济指数白皮书（2019）》指出，84% 的县市均已明确提出将发展数字经济作为未来转型的主要方向，部分县市出台了专题数字经济发展规划。“绿水青山，就是金山银山”，县域数字经济的发展符合国家战略方针，将县域传统经济向生态经济转化，推动县域乡村新价值的转化和发挥。发展县域数字经济可提升县域经济发展环境。一是通过大数据、云计算、人工智能、物联网、北斗等新兴信息技术，实现县域经济管理智能化、平台化发展；二是以新兴信息技术应用为基础，推动县域一二三产业由线下到线上的融合及转型，实现一二三产业的无缝衔接、配合联动，及时响应动态市场需求，获取竞争优势；三是通过数字化降低县域一二三产业的运营成本，提高产业的运营质量与效率，并通过新的产业生态来创造县域经济新价值。

## 二、县域数字经济发展的典型要素与发展模式

县域数字经济发展模式是县域数字经济的基础，也是数字经济的发展要点。“数字经济百城助力计划”专家组认为，县域数字经济应以政策、体系、环境、平台、投资、特色为发展要点构建数字经济新模式。

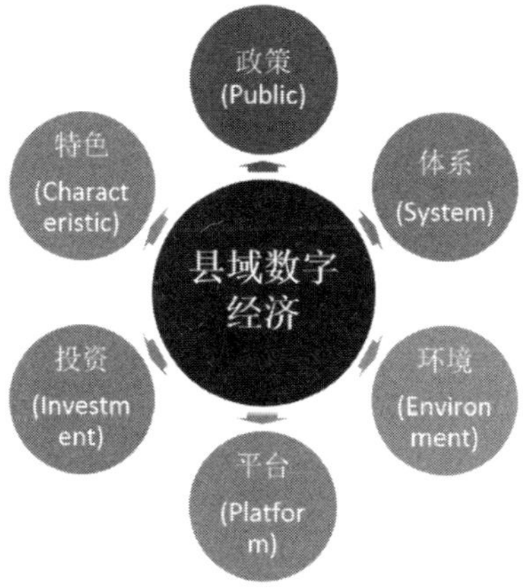


**图 1　县域数字经济发展六大典型要素**

## （一）政策利好，保障县域经济快速发展

县域数字经济发展是大势所趋，势在必行，但难度很大，阻力重重。搞好县域数字经济，需要方方面面的努力，尤其关键的是国家政策的支持。近年来，国家加快推进各县域基础设施建设，促进县域经济持续快速发展。各项国家政策及措施也相继落地。

2019 年底，农业农村部、中央网信办印发了《数字农业农村发展规划（2019—2025 年）》，对新时期推进数字农业农村建设作出明确部署，描绘了数字农业农村建设的发展蓝图。

2020 年 7 月 29 日，国家发展改革委办公厅印发《关于加快落实新型城镇化建设补短板强弱项工作 有序推进县城智慧化改造的通知》，就有序推进引导县城智慧化改造进行了部署。

2020 年 10 月 29 日，《中共中央关于制定国民经济和社会发展第十四个五年规划和二〇三五年远景目标的建议》通过，建议提出，优先发展农业农村，全面推进乡村振兴，加快农业农村现代化发展。

2021 年 2 月 21 日，本世纪第 18 个指导“三农”工作的中央一号文件发布，文件指出构建新发展格局，潜力后劲在“三农”，迫切需要扩大农村需求，畅通城乡经济循环。

2021 年 6 月 11 日，商务部、国家发改委等 17 部门联合印发了《关于加强县域商业体系建设促进农村消费的意见》，为“十四五”时期加强县域商业体系建设，推动农村消费提质扩容作出详细部署。

## （二）指标推动，构建县域数字经济发展评价体系

《县域数字经济发展评价指南》研究并建立准确反映县域数字经济发展水平和趋势的指标体系，是完善县域数字经济保障体系的重要之举。本指南对县域数字经济发展水平进行科学测度，是衡量县域数字经济发展水平的重要手段，是制定县域经济发展政策的重要基础。指南给出了县域数字经济发展评价的基本原则、评价指标体系以及评价方法。以县域数字经济发展评价指数为依据，找差距、补短板、促提升、精准发力，推动县域数字经济持续优化发展。

**表 1　县域数字经济发展评价指标**

<table>
<tr><th>一级指标</th><th colspan="2">二级指标</th><th>三级指标</th></tr>
<tr><td rowspan="7">县域数字经济基础设施及能力（20%）</td><td colspan="2" rowspan="5">县域网络基础能力（12%）</td><td>移动电话基站覆盖率</td></tr>
<tr><td>宽带网络覆盖率</td></tr>
<tr><td>5G 基站覆盖率</td></tr>
<tr><td>数字电视普及率</td></tr>
<tr><td>公益 WLAN 覆盖率</td></tr>
<tr><td colspan="2" rowspan="2">数据资源管理设施（8%）</td><td>大数据平台覆盖率</td></tr>
<tr><td>数据中心覆盖率</td></tr>
<tr><td rowspan="9">产业数字化（50%）</td><td>数字经济占比（5%）</td><td></td><td>数字经济占 GDP 比重</td></tr>
<tr><td rowspan="8">基于产业特色的产业数字化（注：根据不同县域的主导产业不同，赋予其主导产业较高权重）</td><td rowspan="8">农业数字化</td><td>种植业数字化应用比例</td></tr>
<tr><td>畜牧业数字化应用比例</td></tr>
<tr><td>林业数字化应用比例</td></tr>
<tr><td>渔业数字化应用比例</td></tr>
<tr><td>种植业数字化应用比例年增加值</td></tr>
<tr><td>畜牧业数字化应用比例年增加值</td></tr>
<tr><td>林业数字化应用比例年增加值</td></tr>
<tr><td>渔业数字化应用比例年增加值</td></tr>
</table>

续表

| 一级指标 | 二级指标 | | 三级指标 |
|---|---|---|---|
| | | 工业数字化 | 智能制造企业占比 |
| | | | 规模企业上云占比 |
| | | | 数字经济园区占比 |
| | | | 数字经济实验室及博士后工作站占比 |
| | | | 智能制造企业占比年增加值 |
| | | | 规模企业上云比例年增加值 |
| | | | 数字经济园区占比年增加值 |
| | | | 数字经济实验室及博士后工作站占比年增加值 |
| | | 服务业数字化 | 电商服务站覆盖率 |
| | | | 电子商务额占 GDP 的比例 |
| | | | 金融服务数字化应用比例 |
| | | | 交通运输数字化应用比例 |
| | | | 旅游数字化应用比例 |
| | | | 电商服务站覆盖率年增加值 |
| | | | 电子商务额占 GDP 比例年增加值 |
| | | | 金融服务数字化应用比例年增加值 |
| | | | 交通运输数字化应用比例年增加值 |
| | | | 旅游数字化应用比例年增加值 |
| 数字产业化（15%） | 信息通信业（5%） | | 信息通信业占 GDP 比例 |
| | | | 信息通信业占 GDP 比例年增加值 |
| | 软件和信息服务业 (5%) | | 软件和信息服务业占 GDP 比例 |
| | | | 软件和信息服务业占 GDP 比例年增加值 |
| | 网络及大数据产业化（5%） | | 大数据产业占 GDP 比例 |
| | | | 物联网产业占 GDP 比例 |
| | | | 人工智能产业占 GDP 比例 |
| | | | 大数据产业占 GDP 比例年增加值 |
| | | | 物联网产业占 GDP 比例年增加值 |
| | | | 人工智能产业占 GDP 比例年增加值 |
| 数字经济发展动力及保障（10%） | 组织保障（1%） | | 设立数字经济领导组织机构 |
| | 政策规划及扶持（2%） | | 制定数字经济总体规划 |
| | | | 制定数字经济专项规划 |
| | | | 制定数字经济扶持政策 |

续表

| 一级指标 | 二级指标 | 三级指标 |
|---|---|---|
| | 数字经济人力资源（2%） | 设立数字经济专家智库占比 |
| | | 制定数字经济人才引进培养政策 |
| | | 数字经济人才引进流失率 |
| | 数字经济招商引资及投资水平（2%） | 数字经济项目招商引资额年增加比例 |
| | | 数字产业投资年增长比例 |
| | 新基建和战略新兴产业布局（2%） | 战略新兴产业额占 GDP 比例 |
| | | 新基建产业额占 GDP 比例 |
| | | 战略新兴产业额占 GDP 比例年增加比例 |
| | | 新基建产业额占 GDP 比例年增加比例 |
| | 数字经济生态环境（1%） | 数字经济营商环境指数 |
| | | 数字经济创新环境指数 |
| 县域公共服务与治理数字化水平（5%） | 数字民生（2%） | 医疗数字化应用覆盖率 |
| | | 教育数字化应用覆盖率 |
| | 数字政务及基层治理（3%） | 政务服务事项网办率 |

摘自中国通信企业协会归口管理的团体标准《县域数字经济发展评价指南（征求意见稿）》（立项编号：CAICI 2021-10）。

评价县域的数字经济发展水平，应立足和突出县域经济发展的特色和实际，基于此，县域数字经济发展评价指标的构建过程中构建了包括县域数字经济基础设施及能力、产业数字化、数字产业化、数字经济发展动力及保障、县域公共服务与治理数字化水平在内的共 5 个一级指标。鉴于中国县域众多，分布广泛，不同县域在发展数字经济过程中存在较大差异性。因此，该评估指标体系在上述 5 个基本一级指标的基础上增加了动态加分项，用以评估县域数字经济发展过程中的特色或创新性举措。

### （三）模式创新，开启县域经济发展新环境

专家组认为，县域经济发展主要有三方面，一是要具备战略眼光。从加快落实以县域为基本单元的“乡村振兴”国家战略的高度，去认识数字乡村的核心价值。二是要坚持价值应用导向。从产业化、数字化、生态化的开发和推进中，去落实“数字县域”关键价值、模式和运营体系。三是要重视持续能力积累。应从提高民众数字素养的角度，为“数字县域”价值的不断释放积累潜力。

浙江省新昌县坚持数字赋能，建设“数字经济第一县”。2020年，新昌数字经济核心产业制造业增加值增速达 9.7%，数字经济综合评价指数列浙江省第 13 位，入选浙江省数字经济创新发展试验区名单。

河北省肃宁县大力推进数字经济与传统产业融合发展，实现逆势突围，推动全县产业结构优化升级，拉动当地经济发展。2019 年，全县 9 个乡镇中有 4 个电商淘宝镇、15 个电商淘宝村，电商从业人数 2 万多，年销售额达 50 亿元，成为河北省首家农村淘宝创业孵化中心。

甘肃省临洮县制定出台了新基建产业奖励扶持措施，引进建设了一带一路·润泽（临洮）智惠产业创新城、阿里数字乡村临洮产地仓等数字经济项目。实施创新型人才重点项目扶持计划，鼓励开展原创性研究和应用技术开发；以数字化乡村建设为载体，搭建了数字临洮2.0—“三位一体”改革为民便民服务平台。2021 年被中国通信企业

协会定为“数字经济创新发展试验基地”。

山东曹县通过电商走出了独特的道路。曹县的电商发展模式为“一核两翼”。“一核”即以草根创业为核心，由广大农民依托本地传统的乡村产业进行创业和就业。“两翼”即平台赋能和政府服务，一方面提供低门槛创业平台，辅以各项功能和服务；另一方面，县委、县政府根据创业者的需要，为电商从业者提供各种服务，助推电商产业从无到有，从弱到强。

湖北省老河口市总面积近 4000 亩的黄桃基地，已经初步实现数字化、智能化。果园内，气象监测检测器随时搜集着园内的风向、温度、湿度等信息，虫情监控仪则观察着果园里每一只虫子的蛛丝马迹。果农管理果园已经不再“凭经验”。过去，一位果农最多能管理 30 亩桃树，如今在科技的加持下，一个人便能承包 1000 亩桃树，效率提升了 30 多倍。

2020 年 11 月，深圳市龙华区印发《关于建设数字龙华 打造“一圈一区三廊”区域发展格局的决定》，提出打造数字龙华发展战略，从政策、平台、金融支撑等多领域发力，全面建设“数字龙华，都市核心”。到 2021 年上半年，龙华区数字经济实现产值 1854 亿元，同比增长 45%，对产业发展贡献率达 50%，成为拉动经济增长“主引擎”。

这些特色鲜明的地区将成为全国县域数字经济发展的领头人、新地标，为全国县域数字经济发展树立典范。

## （四）平台升级，激发县域经济发展新动力

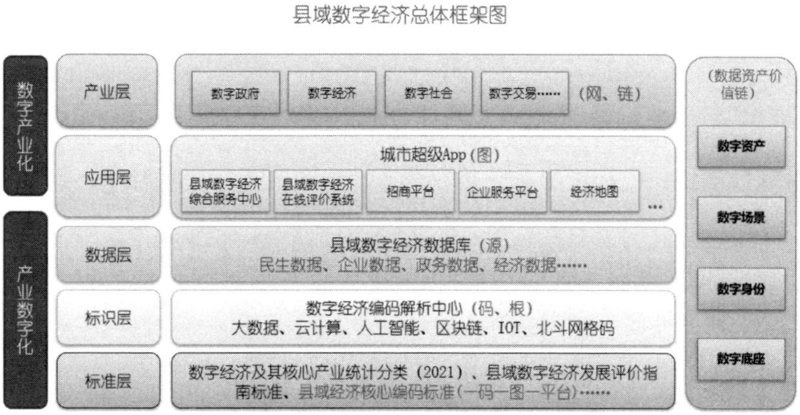


**图 2　县域数字经济总体框架图**

构建县域数字经济平台全面赋能县域经济，专家组建议采取以下方面举措。

1. 建立县域经济要素的“身份证”（码）。编制具有全国统一规范的县域经济要素，如农户码、农田码等核心编码标准体系，利用北斗的位置获取，结合多元属性、认证标识等，归于“一码”，形成县域经济要素的“身份证”信息。

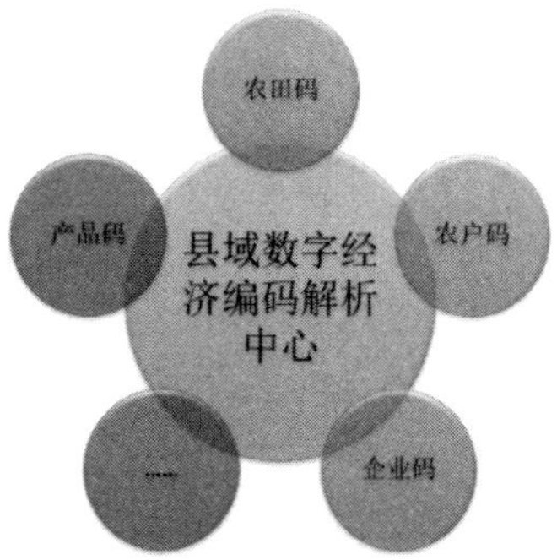


**图 3　县域数字要素“身份证”**

2. 建立县域数字经济编码解析根中心（根）。通过建立全国县域数字经济编码解析根中心、省级或市级节点，构建全国县域经济多级服务网络，支撑县域数字经济平台、县域经济地图及相关应用。

3. 汇聚县域数字经济大数据（源）。通过县域数字经济编码解析根中心及数据中心，汇聚县域各单位、部门的数字经济相关标识及数据信息，形成可支撑全国县域数字经济地图的数据底座。

4. 构建城市超能 APP（图）。以县域数字经济大数据为基础，构建国家级的城市超级应用，使大数据应用像上网一样便捷，真正做到“县域数字经济一张图统管”，成为解决县域各类需求及问题的有效抓手。

5. 组成县域数字服务网及资产交易链（网、链）。通过汇集全国一流企业及政府数据资源，组成全国统一标准体系下的县域数字经济服务体系网络及生态联盟，将县域数据上链，建立国家级的县域数据资产交易平台，通过平台推动县域数字经济金融生态发展，打通县域数字政府、数字经济、数字社会、数字交易的生态链，带动县域经济的新业态、新增长。

### （五）持续投资，促进县域数字经济健康发展

当前，县域数字经济的建设已进入务实发展的新阶段，中国特色县域数字经济发展的目标也日益清晰，其体制及流程的变革逐步深入，创新技术也不断涌现。多种运营模式结合，推动与促进跨区域经济投资的持续，稳定，健康发展，无疑有着相当的必要性与现实

意义。

其次，为推进县域数字化进程提供技术支撑、企业支撑、平台支撑，以核心技术助力重构生产要素，以优质企业推动产业结构优化，以丰富资源加速提升生产效能，以综合服务协助升级生产关系，政府应推行构建三体合作模式。

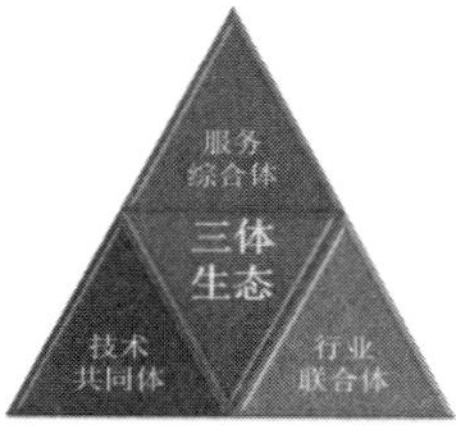


**图 4　县域数字经济发展的三体模式**

此外，实施“数字经济百城助力计划”重点帮助地方政府科学发展数字经济产业，建立数字经济健康生态，搭建起地方政府与产、学、研、投、用的对接平台。“数字经济百城助力计划”将依托“数字经济百城助力计划”专家智库，编制数字经济发展白皮书、地方数字经济发展指南，制定地方数字经济产业发展规划、实施方案，组织国家数字经济政策宣贯培训会、地方数字经济专家咨询会、招商投资对接活动等，助力地方数字经济高质量发展。

### （六）特色优化，绘就县域乡村振兴新图景

县域数字经济也是特色经济、范围经济，随着社会分工的不断推进，县域数字经济需要更多地参与域外的经济循环，加强与其他区域的协作互动，凭借、利用和发挥自身的优势，建设特色更为显著、专

业程度更高的经济体系，才能有效参与区域分工体系的构建，在区域经济发展中获得一席之地，实现经济跨越发展。

## 三、数字经济促进县域高质量发展

### （一）以数字经济建设助推县域产业结构优化升级

“十四五”期间，我国县域不断推进大数据战略行动，加快数字产业化、产业数字化，加快构建大数据产业、应用、标准、法规、安全五大体系，努力在实施数字经济战略上抢新机，奋力实现数字经济大发展。在数字产业化方面，应以项目建设、龙头企业、产业生态为重点，着力打造数据中心、电子信息制造、软件和信息技术服务等千亿级产业集群。产业数字化方面，深入实施“百城助力”计划，全面推进大数据与实体经济深度融合，以大数据赋能工业制造、现代服务业、农业产销等，加快产业数字化转型升级。

加快推进大数据产业集聚区和产业园建设，依托重点园区发展大数据流通交易、技术服务、科研“双创”等公共平台。打造数字产业集群，积极申建国家级人工智能等创新试验区和产业示范区。

### （二）以数字经济建设助推县域居民消费扩容转型

随着《关于加强县域商业体系建设 促进农村消费的意见》的实施，县域商业体系建设将会逐渐完善，农村消费潜力得以释放，我国超大国内市场优势也将切实发挥出来，最终为构建新发展格局夯实基础。

近年来，随着县域数字经济的发展和居民消费能力的提高，一大批互联网企业将目光投向需求潜力巨大的县域市场。但是，县域消费潜力尚未被充分激发，这与商业体系不完善、消费能力偏低有关。一是推进县域商业连锁经营，推动农产品品牌化、标准化发展等。二是鼓励企业开发适合农民需要的产品和服务。支持乡村民宿、休闲农业等发展，吸引城市居民下乡消费。三是要着力完善促进县域消费的软硬件环境，借助数字技术发展消费新模式，满足居民多样化、个性化的消费需求，通过金融、财税、用地等政策措施，加快构建适合县域的商业体系和基础设施。

### （三）以数字经济建设助推县域社会治理提质增效

首先，是建设“数字政府”，要着眼推进国家治理体系和治理能力现代化，贯彻以人民为中心的发展思想，彰显以人为本的价值理念，不断优化政府服务，为企业提供良好的营商环境，让人民群众在共享互联网发展成果上拥有更多获得感。要突出抓好信息内容服务，打破信息孤岛，推进数据共享，提升网上政务服务智能化、个性化、便利化，为群众提供更多优质公共服务和民生服务。

其次，党的十九大报告提出加快建设数字中国，要求进一步完善数字基础设施，推进数据资源整合和开放共享，保障数据安全，让科技更好服务我国经济社会发展，不断增进民生福祉。数字化看似虚，实则实，履盖经济、文化、生活方方面面，不仅有利于信息传播，而且对于新知识、新科技的推广及经济发展方式的转变和产业升级有着重要的促进作用，尤其是对于创新社会管理、保障和改善民生有着重要的意义。

# 附录

# 关于大数据中心碳中和行动规划

润泽科技发展有限公司（以下称“润泽科技”）是一家国际领先的数字经济产业综合服务商，拥有业界领先的数据中心建设服务能力，在云计算、大数据领域拥有持续性规模投入。润泽科技建设运营的润泽国际信息港是以大规模数据中心为核心业务的综合性大数据产业园，致力于建设运营安全、稳定、可靠的数字经济产业基础设施，合理布局计算资源、网络资源、存储资源。

在党中央“新基建”政策的指引下，润泽科技依托强大的数字经济核心基础设施建设运营实力，在全国多个地区打造以数据中心为核心业务的综合性大数据产业园，面向互联网、金融、零售、政务、医疗、教育、文旅、出行、工业、能源等各行业，提供一站式数据中心及云计算整体解决方案，夯实城市、政府和各行业数字化转型的核心“新基建”基础。目前在国内多个核心经济区内开始集约化、规模化、绿色的数据中心建设，包括京津冀区的润泽国际信息港、长三角区域内的润泽（平湖）国际信息港、大湾区的润泽（佛山）国际信息港、润泽（惠州）国际信息港、成渝经济圈的重庆润泽（西南）国际信息港、一带一路的润泽（兰州）国际信息港等。

公司建立和维护现代企业管理相关机制，确保公司规范运作，高度重视债权人和投资者的权益保护；与供应商、客户、消费者共同建立“长期、稳定、共赢”的产业链与合作关系，坚持与员工共同成长。

为了积极响应国家的“双碳”战略，以应对全球气候变化，润泽科技正式发布《大数据中心碳中和行动规划》，旨在以积极进取的态度，致力于公司的可持续发展。公司希望通过该规划的发布，明确而积极地响应国家“双碳”战略，执行国家绿色低碳发展政策，接受社会大众的进一步监督，这也是润泽科技高质量发展应有之义。

## 一、国家“双碳”战略目标对数据中心的要求

### （一）国家“双碳”战略目标

人类活动大量消耗化石能源和其他不可再生资源，排放大量温室

气体，加剧全球气候变化，威胁人类长期生存。全球各国在联合国气候变化公约第 26 次缔约国大会（COP26）期间进一步达成一致，在本世纪中叶实现碳中和、达成《巴黎协定》1.5℃目标是延缓并最终逆转气候变化必须完成的任务。

2020 年，中国基于推动实现可持续发展的内在要求和构建人类命运共同体的责任担当，宣布了碳达峰、碳中和目标愿景。“碳中和”一般是指实现全部温室气体净零排放，即温室气体源的排放和碳汇的吸收平衡。而当前大多数国家每年温空气体源的排放远高于新增汇的吸收，因此，实现长期碳中和目标的主要对策是减排，特别是能源系统要实现自身二氧化碳的净零排放。

我国推进碳达峰、碳中和，彰显了负责任大国的使命与担当，意义重大，影响深远。第一，有利于减轻气候变化不利影响。这意味着可以降低未来气候变化的风险。第二，有利于推动经济高质量发展。第三，有利于维护能源转型和安全。当前我们正在调整能源结构，让可再生能源逐步代替化石能源。第四，有利于深化生态文明建设。实现碳达峰碳中和可以为建成美丽中国作出更多贡献。第五，有利于构建人类命运共同体。

把碳达峰、碳中和纳入生态文明建设整体布局；要推动绿色低碳技术实现重大突破，抓紧部署低碳前沿技术研究，加快推广应用减污降碳技术，建立完善绿色低碳技术评估、交易体系和科技创新服务平台。未来，中国将着眼于建设更高质量、更开放包容和具有凝聚力的经济、政治和社会体系，形成更为绿色、高效和可持续的消费与生产力为主要特征的可持续发展模式，共同谱写生态文明新篇章。

### （二）国家“双碳”战略目标对数据中心的要求

2021 年 7 月，工业和信息化部发布《新型数据中心发展三年行动计划（2021–2023 年）》，基本原则包括：绿色低碳，安全可靠。坚持绿色发展理念，支持绿色技术、绿色产品、清洁能源的应用，全面提高新型数据中心能源利用效率，并提出：用 3 年时间，基本形成布局合理、技术先进、绿色低碳、算力规模与数字经济增长相适应的新型数据中心发展格局。能效水平稳步提升，电能利用效率（PUE）逐步降低，可再生能源利用率逐步提高。开展绿色低碳提升工程，鼓励数据中心企业发布数据中心碳减排路线图，引导数据中心企业开展碳排放核查与管理，加快探索实现碳中和目标。

近日，国家发改委、中央网信办、工信部、国家能源局四部门联合发布《贯彻落实碳达峰碳中和目标要求推动数据中心和 5G 等新型基础设施绿色高质量发展实施方案》，方案明确要求，到 2025 年，数据中心和 5G 基本形成绿色集约的一体化运行格局。数据中心运行电能利用效率和可再生能源利用率明显提升，全国新建大型、超大型数据中心平均电能利用效率降到 1.3 以下，国家枢纽节点进一步降到 1.25 以下，绿色低碳等级达到 4A 级以上。全国数据中心整体利用率明显提升，西部数据中心利用率由 30% 提高到 50% 以上，东西部算力供需更为均衡。

在“双碳”战略目标的指引下，数据中心绿色高质量发展成为主旋律。

## 二、润泽科技大数据中心碳中和目标

### （一）润泽科技大数据中心碳中和目标

润泽科技以建设稳定、安全、可靠的数据中心为己任，不忘初心、砥砺前行，把社会最大的挑战当作企业自身最大的挑战，在实现碳中和这一广泛而深刻的经济社会变革的过程中，实现润泽科技自身的绿色转型，在减碳的同时实现高质量发展。

润泽科技积极响应国家“双碳”战略。润泽科技提出：在 2025 年之前，润泽科技将通过完善企业碳减排管理制度体系、优化碳减排管理，提高效率、降低 PUE，逐步引入可再生能源，清洁能源、扩大绿色电源接入，能源使用管理实践循环经济，投资建设可再生能源和清洁能源项目五项措施构建大数据中心碳中和行动路径，以此积极响应国家“双碳”战略，向 2030 年大数据中心 100% 使用可再生能源、实现碳中和迈进，推动实现润泽科技的高质量发展，呼应联合国可持续发展目标，助力于解决全球气候问题。

### （二）润泽科技大数据中心碳中和路线图

润泽科技从事数据中心业务，互联网数据中心业务对环境影响轻微。润泽科技历来重视节能新技术的使用，河北省廊坊市、浙江省平湖市、广东省佛山市、惠州市、重庆市等地方政府均支持润泽科技落地的大数据中心项目，且各区域项目公司均通过节能评估审批。如润泽科技在河北廊坊的国际信息云聚核港（ICFZ）项目，其评价为：按照国家和省市要求采用了节能新技术新产品和建筑材料，项目节能措施可行，使用的能源种类合理，能源供应有保障，节能和综合利用效果明显。项目全部能源消耗折合标准煤年用量为 347,371.561 吨，其中电占 99.98%，水占 0.02%。历史上节能措施和能耗指标等落实情况均符合国家标准。

因此，润泽科技有信心通过适当的行动方案，达到 2030 年碳中和目标，其路线图如下：

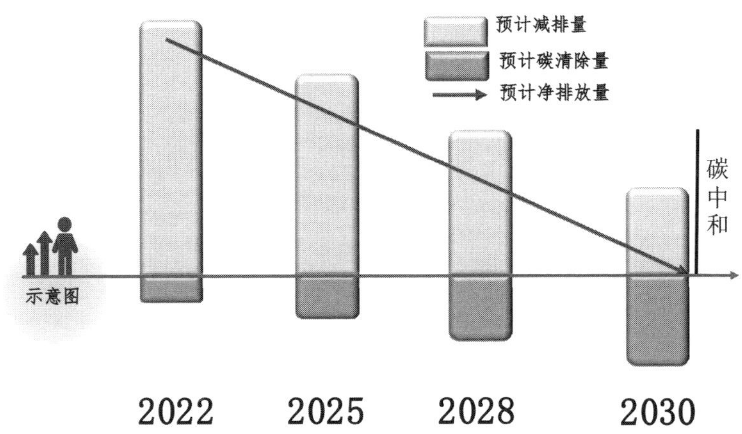


**图 1 润泽科技大数据中心碳中和路线图**

## 三、润泽科技大数据中心碳中和行动路径

润泽科技大数据中心碳中和行动方案，核心路径包括减碳、清洁

能源替换、抵消和消除及其组合。以制度为基础保障，从自身节能减碳做起，实践清洁能源替代方案，探索综合能源的循环使用，投资建设清洁能源项目。具体措施如下：

**（一）完善企业碳减排管理制度，优化碳减排管理**

润泽科技在数据中心设计、工艺、设备选型、运营管理、园区环境建设、生产生活、综合能源管理等方面多管齐下，践行环境保护与可持续发展理念。

为响应国家对于节能减排的号召，公司制定了《节能减排管理制度》等制度，将环保理念融入公司日常生产经营中。润泽科技廊坊园区已正式上线重点用能单位能耗在线监测系统，通过对园区实际运营过程中用能的实时监测，掌握园区用能具体情况，以满足对设备、工艺、操作的改进提供数据支撑，最终实现合理使用能源，从而实现降低成本、提升效益。

同时，公司积极建设绿色园区、推进绿色办公，以行动落实节能低碳理念。

## （二）提高效率，降低 PUE

润泽科技注重 IT 设备、机架布局、制冷和散热系统、供配电系统以及清洁能源利用系统等方面的绿色化设计，运用新设计、新工艺、新材料、新方案、新技术，不断加强自动化、智能化能耗管理，探索建设新一代绿色大数据中心技术应用。充分依托润泽科技独立自主的绿色智能化运维管理体系，结合气候环境和自身负载变化等因素科学制定运维策略，对能源资源消耗进行实时分析和智能化调控，确保节能、节水、资源综合利用等方面发展要求。依托润泽科技独立研发润泽数据中心实时监测和控制系统，可对供配电、制冷全环节进行实时监测和控制，逐步全面采用 AI 技术，进一步提高 PUE 的调优能力和节能降耗能力，设计 PUE 值达到 1.25。

液冷安装中

## （三）逐步引入可再生能源、清洁能源，扩大绿色电源接入

2020 年，全国可再生能源发电量达 22148 亿千瓦时，同比增长约 8.4%；其中，水电 13552 亿千瓦时，同比增长 4.1%；风电 4665 亿千瓦时，同比增长约 15%；光伏发电 2605 亿千瓦时，同比增长 16.1%；生物质发电 1326 亿千瓦时，同比增长约 19.4%。

润泽科技将积极探索绿色关键技术和产品运用，充分考虑可再生能源、分布式供能、微电网等新兴技术，探索模块化机房、间接式

蒸发冷却、高效用电设备、液冷、储能电池、分布式光伏等绿色数据中心先进适用技术。通过充分利用风能、太阳能等可再生能源，结合储能、氢能等新技术，逐步引入可再生能源、清洁能源，并通过配比逐步扩大绿色电源接入，提升大数据中心绿色电能使用水平及可再生能源使用比重，实践大数据中心开展新能源电力专线供电等解决方案的普及应用。

模块化机房（一体化模块化产品）含有机柜、配电柜、UPS、精密空调、动环监控系统、冷通道、电池柜等，由这些产品组成一个封闭空间。每个产品可以看成一个模块，就像搭积木一样组合起来就成了一个模块化机房，用户可以根据自己的需求自由增添产品。

分布式光伏发电特指在用户场地附近建设，运行方式以用户侧自发自用、多余电量上网，且在配电系统平衡调节为特征的光伏发电设施。分布式光伏发电遵循因地制宜、清洁高效、分散布局、就近利用的原则，充分利用当地太阳能资源，替代和减少化石能源消费。

电池储能系统是一个利用采锂电池 / 铅电池作为能量储存载体，

一定时间内存储电能和一定时间内供应电能的系统，而且提供的电能具有紧急供能、平滑过渡、削峰填谷、调频调压等功能。

间接蒸发冷却是指通过非直接接触式换热器将直接蒸发冷却得到的湿空气（二次空气）的冷量传递给待处理空气（一次空气）实现空气等湿降温的过程。

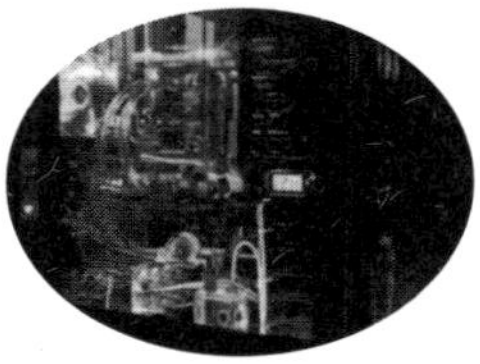

液冷数据中心是指应用液冷技术和液冷服务器等设备的数据中心，与传统风冷服务器相比，液冷服务器的热量导出方式不同。液冷是指使用液体取代空气作为冷媒，为发热部件进行换热，带走热量的技术。

润泽科技要求各地方公司积极参与绿电交易，例如管理润泽（平湖）国际信息港的子公司浙江泽悦科技信息科技有限公司已参与跨省绿电交易试点，成功购买200万度绿电，同时与秦山核电洽谈并签订战略合作协议，由秦山核电优先向润泽科技提供清洁能源。

**（四）能源使用管理实践循环经济**

润泽科技致力于在能源使用管理中实践循环经济。数据中心服务器在运行过程中产生的大量余热循环使用，从而提升数据中心的能效。润泽科技子公司探索将余热运用于生态农业及渔业循环经济，开辟创新示范项目。润泽科技也将尝试将这种余热回收技术推广到其他数据中心。

### （五）投资建设可再生能源和清洁能源项目

润泽科技探索投资建设分布式可再生能源项目。如对已建大数据中心进行改造，在自有屋顶安装太阳能光伏板，自发自用。

润泽科技未来将考虑通过融资和参股方式，开展直接投资建设可再生能源发电项目，直接建设、投资集中式风电、光伏电站，并拥有项目的部分所有权。通过多样、灵活的投资方式参与可再生能源项目，能够满足高比例的用电需求，从而助力数据中心实现碳达峰、碳中和目标。

2021 年 12 月 30 日发布